Pensamiento y lenguaje

Índice

Introducción

El lenguaje y el pensamiento son elementos tan integrales a nuestra experiencia humana que rara vez nos detenemos a examinar su profundidad y sus complejas interacciones. Este libro se propone precisamente ese objetivo: abrir un espacio de reflexión y análisis que permita desentrañar la relación entre el lenguaje, como vehículo de significados y expresiones simbólicas, y el pensamiento, como proceso mental que construye y organiza la realidad. Desde la psicología hasta la neurociencia, la lingüística y la filosofía, este viaje nos invita a explorar cómo cada una de estas disciplinas aporta una lente única para comprender los mecanismos internos que fundamentan nuestra existencia.

A lo largo de esta obra, abordaremos los procesos de pensamiento y lenguaje no solo como aspectos aislados, sino como fuerzas profundamente entrelazadas que, al complementarse, configuran nuestra identidad, nuestras emociones y nuestras percepciones del mundo. Comprender la relación entre el pensamiento y el lenguaje es, en esencia, abrir una puerta hacia la autocomprensión y hacia una visión más amplia del ser humano en su contexto social y cultural. Esta introducción busca contextualizar el valor de analizar estos procesos desde una perspectiva interdisciplinaria, destacando el papel fundamental de la psicología como eje estructurador de los diversos enfoques que aquí se presentan.

La **primera parte del libro** se dedica a explorar los fundamentos psicológicos del pensamiento y del lenguaje. Iniciaremos con una definición exhaustiva de ambos procesos, desglosándolos desde enfoques conductuales, cognitivos, psicoanalíticos y socioculturales. Cada uno de estos modelos ofrece una pieza esencial del rompecabezas, revelando cómo el lenguaje y el pensamiento son al mismo tiempo procesos internos y productos de la interacción social.

En la **segunda parte**, profundizaremos en los aspectos psicobiológicos y neurocientíficos, abordando los sustratos neuronales y genéticos que sostienen y moldean la capacidad de pensar y comunicarnos. A través de un análisis neurofisiológico y de los descubrimientos recientes en genética y epigenética, nos acercaremos al corazón de los mecanismos cerebrales que nos permiten desarrollar habilidades simbólicas y cognitivas avanzadas. Este enfoque no solo aclara cómo pensamos y hablamos, sino también por qué estas habilidades evolucionaron en nuestra especie de manera tan singular.

Finalmente, en la **tercera parte**, nos adentraremos en un análisis filosófico y sociocultural del pensamiento y el lenguaje. Desde las teorías hermenéuticas de Paul Ricoeur hasta la deconstrucción de Jacques Derrida y la visión semiótica de Umberto Eco, exploraremos cómo el lenguaje no solo refleja, sino que también construye realidades, permitiéndonos formar identidades, desafiar paradigmas y comunicar verdades personales y colectivas. A través de la poesía y el pensamiento crítico, se examinará el rol transformador del lenguaje en la creación de significado y en la búsqueda de la verdad.

El propósito de esta obra no es ofrecer una única visión definitiva, sino más bien plantear un enfoque integrador que permita al lector construir una comprensión profunda de la mente humana. Al finalizar este recorrido, espero que cada lector se sienta inspirado a considerar el lenguaje y el pensamiento desde una óptica más amplia, reconociendo en ellos no solo herramientas de comunicación, sino también caminos hacia la autocomprensión y la expansión de los límites del conocimiento humano.

Esta invitación a explorar el pensamiento y el lenguaje desde una perspectiva psicológica y multidisciplinaria es, en última instancia, una invitación a reflexionar sobre el misterio que nos constituye y a adentrarnos en el fascinante entramado de las conexiones que nos hacen humanos.

Capítulo 1: Introducción al pensamiento y al lenguaje como procesos psicológicos básicos

1.1 Definición del pensamiento y el lenguaje

El pensamiento y el lenguaje son procesos psicológicos fundamentales que sustentan la cognición humana y estructuran nuestra interacción con el mundo. Ambos procesos, aunque distintos en su naturaleza, están profundamente entrelazados en la configuración de la mente humana y la construcción de la realidad subjetiva y social.

El pensamiento puede entenderse como un proceso mental que abarca la manipulación y organización de la información a través de representaciones internas. Este proceso incluye una serie de actividades cognitivas, tales como el razonamiento, la toma de decisiones, la planificación y la resolución de problemas. La esencia del pensamiento radica en su capacidad para transformar la realidad perceptiva en algo nuevo mediante la abstracción y la interpretación, permitiendo así que el individuo extrapole experiencias pasadas a contextos novedosos y realice juicios complejos.

El lenguaje, por su parte, es un sistema de signos y símbolos utilizados para expresar ideas, sentimientos y conceptos. Su función va más allá de la mera comunicación: es el vehículo mediante el cual se estructuran los pensamientos, se articulan significados y se transmite el conocimiento de generación en generación. A través de fonemas, morfemas y sintaxis, el lenguaje organiza el pensamiento en estructuras que son comprensibles para otros, posibilitando la conexión social y la transmisión de cultura. Además, el lenguaje es bidimensional, pues actúa tanto en el plano personal —donde permite la introspección y el diálogo interno— como en el plano social, en el cual es fundamental para el establecimiento de vínculos y el desarrollo de la identidad.

1.2 Importancia en el desarrollo humano y en la comprensión de la mente

El pensamiento y el lenguaje no solo son habilidades individuales, sino que también son funciones esenciales para el desarrollo humano a nivel psicológico, social y cultural. Estos procesos cumplen un papel central en la configuración de la identidad y en la adaptación al entorno.

Desde una perspectiva de desarrollo, el lenguaje se convierte en una herramienta vital para el niño, quien empieza a experimentar el mundo a través de palabras y símbolos que paulatinamente le permiten etiquetar y organizar su experiencia. Según Lev Vygotsky, el lenguaje facilita la internalización de conceptos que inicialmente son percibidos de forma externa, es decir, a través de la interacción con figuras de autoridad y modelos culturales. De este modo, el lenguaje no solo ayuda al niño a organizar el pensamiento, sino que también abre la puerta a la construcción de su yo interno y su sentido de pertenencia en una comunidad.

Por otro lado, el pensamiento permite al individuo conceptualizar el mundo más allá de las limitaciones de la percepción inmediata. Este proceso es la base del aprendizaje, la resolución de problemas y la creación de modelos mentales que guían el comportamiento en contextos variados. La capacidad de reflexionar sobre experiencias pasadas y proyectarse hacia el futuro otorga al pensamiento un rol determinante en el proceso de adaptación psicológica.

La interrelación entre pensamiento y lenguaje también es fundamental en el análisis de la mente humana. Según la teoría de Jerome Bruner, el pensamiento no puede desligarse del lenguaje, ya que el pensamiento narrativo es una forma de organización cognitiva que permite a las personas dar sentido a sus experiencias mediante historias. Este proceso es esencial para la construcción de la identidad y para el entendimiento de la realidad subjetiva. A través de los relatos que conforman el "yo" y el mundo, el individuo adquiere una comprensión profunda de sí mismo y de los demás, lo cual es indispensable para la salud mental y el equilibrio emocional.

En términos de psicología cognitiva, el pensamiento y el lenguaje pueden ser comprendidos como mecanismos interdependientes que conforman la arquitectura mental. Sin lenguaje, el pensamiento carecería de estructura; sin pensamiento, el lenguaje perdería contenido. Este vínculo ha llevado a teorías como la de la relatividad lingüística de Sapir-Whorf, que sugieren que el idioma que una persona utiliza moldea su percepción del mundo y su manera de pensar. Aunque controversial, esta teoría abre un campo de debate sobre la forma en que el pensamiento y el lenguaje interactúan en la percepción de la realidad.

Desde un punto de vista clínico, los trastornos en estos procesos revelan la importancia de su correcta función en el bienestar humano. Las patologías que afectan al pensamiento, como los trastornos obsesivo-compulsivos o el pensamiento delirante, así como los trastornos del lenguaje, como la afasia, alteran profundamente la calidad de vida y la autonomía de los individuos. Estas condiciones resaltan cómo la mente humana depende de la armonía entre pensamiento y lenguaje para operar con normalidad y adaptarse a los desafíos del entorno.

En conclusión, el pensamiento y el lenguaje son mucho más que capacidades funcionales: son procesos intrínsecos que permiten a la humanidad no solo sobrevivir, sino también desarrollar culturas complejas, reflexionar sobre sí misma y buscar significados profundos en la existencia. Esta interdependencia constituye un campo de investigación que no solo nos ayuda a entender la mente, sino que nos permite reflexionar sobre lo que nos hace humanos y sobre los límites del conocimiento y la comunicación. En este libro, la exploración de estos procesos desde perspectivas diversas, tanto psicológicas como psicobiológicas y filosóficas, pretende brindar una comprensión amplia y detallada de cómo el pensamiento y el lenguaje forjan la experiencia humana en sus múltiples dimensiones.

Capítulo 2: Enfoque Conductista del pensamiento y el lenguaje

El enfoque conductista, una de las corrientes más influyentes en la psicología del siglo XX, ha sido pionero en proponer una visión del pensamiento y el lenguaje basada en principios observables y medibles. Esta corriente sostiene que el comportamiento humano, incluyendo el pensamiento y el lenguaje, puede explicarse sin recurrir a procesos mentales internos, enfocándose exclusivamente en las respuestas observables a estímulos del entorno. En este capítulo, abordaremos las contribuciones fundamentales de John B. Watson y B.F. Skinner, quienes desarrollaron el concepto del pensamiento como "comportamiento encubierto" y propusieron una comprensión del lenguaje desde el condicionamiento y el reforzamiento.

2.1 Aportes de Watson y Skinner sobre el pensamiento como comportamiento encubierto

John B. Watson y el origen del conductismo

John B. Watson, considerado el padre del conductismo, propuso en la década de 1910 una revolución en el estudio de la psicología, desafiando el método introspectivo que dominaba hasta entonces. Según Watson, la psicología debía centrarse en el análisis de comportamientos observables, rechazando la exploración de procesos internos que no pudieran ser medidos. Esta visión redujo el pensamiento a una serie de respuestas condicionadas a estímulos, que podían estudiarse de forma objetiva.

Watson sugirió que el pensamiento podía explicarse como "lenguaje subvocal" o "habla encubierta", una serie de respuestas musculares internas que ocurrían cuando un individuo "piensa" en palabras. Para Watson, el acto de pensar no era más que una forma de hablar sin sonido, una actividad fisiológica que implicaba movimientos internos en el aparato vocal. Así, desde la perspectiva de Watson, el pensamiento dejaba de ser un proceso mental complejo para convertirse en un comportamiento físico, aunque no visible. Este enfoque intentaba desterrar la idea de una "mente" autónoma que guiara los pensamientos y acciones, proponiendo en su lugar que los pensamientos fueran respuestas aprendidas a estímulos.

B.F. Skinner expandió el conductismo con su teoría del condicionamiento operante, argumentando que la conducta es moldeada por sus consecuencias. Para Skinner, no existían diferencias fundamentales entre los comportamientos externos observables y los internos o "encubiertos" (como el pensamiento y el lenguaje interno); ambos se regían por los mismos principios de reforzamiento y castigo.

Skinner abordó el lenguaje en su obra *Verbal Behavior* (1957), en la que proponía que el lenguaje es un tipo de comportamiento que puede analizarse mediante los mismos principios de refuerzo que rigen otras conductas. Según Skinner, los enunciados verbales de una persona —palabras, frases y oraciones— son comportamientos aprendidos que se ven reforzados a través de la interacción social. La persona aprende a hablar y a estructurar sus pensamientos como respuesta a un conjunto de estímulos y refuerzos provenientes del entorno, sin que intervengan procesos mentales o estructuras innatas.

Para Skinner, las palabras y frases no representan significados internos; son simplemente respuestas condicionadas que han sido reforzadas en función de sus efectos en el entorno. Este enfoque desestima la existencia de una "cognición" interna, considerando en cambio que el lenguaje y el pensamiento son manifestaciones de un aprendizaje acumulado, en el cual las palabras son estímulos que desencadenan respuestas verbales específicas. Así, el lenguaje no es un reflejo de ideas o significados, sino un sistema de respuestas que opera en función del reforzamiento.

2.2 Críticas y limitaciones del enfoque Conductista en la comprensión de procesos internos

Si bien el enfoque conductista ha ofrecido una perspectiva revolucionaria para entender el comportamiento observable, ha recibido críticas significativas debido a sus limitaciones en la explicación de procesos internos complejos como el pensamiento y el lenguaje. A continuación, exploraremos algunas de las críticas más destacadas:

El conductismo ignora la complejidad de los procesos mentales y cognitivos subyacentes, lo que impide una comprensión completa del pensamiento y el lenguaje. Aunque el conductismo considera que el pensamiento es un comportamiento encubierto y el lenguaje una respuesta condicionada, este enfoque es insuficiente para explicar cómo las personas son capaces de resolver problemas complejos, formular hipótesis o crear ideas abstractas. Estas actividades mentales requieren de operaciones que van más allá de simples asociaciones estímulo-respuesta.

Para el pensamiento creativo y la resolución de problemas, por ejemplo, los seres humanos no solo responden a estímulos ambientales, sino que operan con una organización interna que involucra la memoria, el razonamiento y la proyección de escenarios futuros. Al reducir el pensamiento a simples respuestas condicionadas, el enfoque conductista no logra abordar cómo se producen estas operaciones que dependen de la integración de conocimientos y la toma de decisiones, elementos fundamentales en la psicología cognitiva.

Una de las críticas más famosas al enfoque conductista provino del lingüista Noam Chomsky, quien en la década de 1950 argumentó que la teoría del lenguaje de Skinner no podía explicar la capacidad humana para generar y comprender una cantidad infinita de oraciones nuevas. Chomsky propuso que el lenguaje humano es un sistema innato y creativo, gobernado por reglas gramaticales que no dependen de la experiencia directa o del reforzamiento. Según Chomsky, la estructura del lenguaje y su capacidad generativa son pruebas de que los procesos internos deben ser tomados en cuenta, ya que ningún sistema de estímulo-respuesta puede explicar la complejidad del lenguaje.

El enfoque conductista también presenta limitaciones al explicar el lenguaje interno, el cual desempeña un papel crucial en la introspección y la reflexión. Este tipo de lenguaje permite a los individuos formular pensamientos sin la necesidad de expresarlos verbalmente y constituye una parte esencial de la autoevaluación y el pensamiento crítico. Al considerar el pensamiento como una mera "habla encubierta", el conductismo omite cómo el lenguaje interno influye en la toma de decisiones, la formación de juicios morales y la autopercepción.

A pesar de estas críticas, el conductismo sentó las bases para el estudio científico del comportamiento y dejó una contribución duradera en la psicología experimental. Su insistencia en la observación y medición de conductas observables permitió el desarrollo de metodologías rigurosas en el estudio de la conducta humana. Además, sus principios de reforzamiento y condicionamiento han sido aplicados con éxito en campos como la educación, la terapia conductual y la modificación de conducta.

Sin embargo, al abordar fenómenos tan intrincados como el pensamiento y el lenguaje, el enfoque conductista carece de herramientas para entender los procesos internos que ocurren dentro de la mente. Esta limitación abrió la puerta a la psicología cognitiva y a enfoques interdisciplinarios que buscan explicar cómo el cerebro procesa, organiza y genera pensamientos y lenguaje a partir de estructuras internas.

En síntesis, aunque el enfoque conductista contribuyó a la psicología con valiosas herramientas para el análisis del comportamiento, su visión reduccionista del pensamiento y el lenguaje ha demostrado ser insuficiente para capturar la complejidad de estos procesos. La reducción del pensamiento a una "conducta encubierta" y del lenguaje a un conjunto de respuestas condicionadas deja de lado aspectos críticos de la cognición humana, tales como la capacidad de abstraer, simbolizar y proyectar. En los próximos capítulos, exploraremos enfoques que consideran estos procesos internos desde una perspectiva más amplia y con una comprensión profunda de la interacción entre el ambiente y las estructuras cognitivas internas.

Capítulo 3: Enfoque cognitivo del pensamiento y el lenguaje

El enfoque cognitivo, surgido en la segunda mitad del siglo XX, marcó un cambio significativo en el estudio de la mente humana. En lugar de limitarse a observar conductas externas, el enfoque cognitivo explora los procesos internos que facilitan la percepción, el pensamiento y el lenguaje. Este capítulo examina los modelos de procesamiento de la información, que describen cómo la mente humana interpreta, organiza y almacena información, y destaca el papel fundamental de Jerome Bruner en el estudio de la construcción de significados y la representación mental.

3.1 Modelos de procesamiento de la información

El enfoque cognitivo introdujo la idea de que la mente humana funciona como un sistema que procesa información, similar a una computadora. En este sentido, el pensamiento y el lenguaje no son meras reacciones a estímulos, sino operaciones complejas que involucran la adquisición, transformación y almacenamiento de información. Los modelos de procesamiento de la información representan una estructura secuencial y jerárquica en la que los datos sensoriales se codifican, almacenan y recuperan para formar pensamientos y palabras. En este modelo, las personas reciben estímulos externos, los analizan mediante distintos procesos cognitivos y generan respuestas.

Los modelos de procesamiento de la información se basan en varios componentes esenciales:

Atención: El primer paso en el procesamiento de información es la selección de los estímulos relevantes del ambiente, un proceso conocido como atención. A diferencia del enfoque conductista, que reduce el procesamiento a estímulo-respuesta, la psicología cognitiva reconoce que la atención permite filtrar y focalizar estímulos específicos, esenciales para generar una respuesta intencionada.

Percepción: Después de captar la información mediante la atención, el cerebro interpreta y organiza estos estímulos para crear una representación mental. La percepción permite que los datos adquiridos se integren en estructuras de conocimiento preexistentes o que se adapten en función de experiencias previas.

Memoria: La información procesada y percibida se almacena en distintos sistemas de memoria, desde la memoria de corto plazo hasta la memoria de largo plazo, permitiendo su acceso en momentos futuros. La memoria, por lo tanto, juega un rol central en el pensamiento y el lenguaje, ya que permite recuperar palabras, conceptos y estructuras gramaticales para la comunicación y el razonamiento.

Codificación y recuperación: La codificación es el proceso mediante el cual la información se convierte en una forma que pueda almacenarse en la memoria. Posteriormente, la recuperación permite acceder a esta información cuando se necesita, como en la formación de ideas o la estructuración de frases.

Procesamiento en paralelo y en serie: Los modelos de procesamiento también sugieren que la mente puede llevar a cabo múltiples procesos de forma simultánea (procesamiento en paralelo), como al hablar y pensar al mismo tiempo, o en serie, donde los procesos se ejecutan secuencialmente para lograr un resultado. Este enfoque es crucial para entender cómo el cerebro gestiona tareas complejas en tiempo real, como en el pensamiento reflexivo o el uso avanzado del lenguaje.

Los modelos de procesamiento de la información revolucionaron la comprensión del pensamiento y el lenguaje al proponer que la mente funciona activamente para construir representaciones internas del mundo. Este enfoque ha permitido explicar cómo las personas forman conceptos, resuelven problemas y generan significados.

3.2 Rol de Jerome Bruner en la construcción de significados y su teoría sobre la representación mental

Uno de los teóricos más influyentes en el enfoque cognitivo es Jerome Bruner, quien aportó una perspectiva única sobre cómo el ser humano construye significados a través del pensamiento y el lenguaje. Bruner argumenta que el pensamiento humano no se limita a procesar información de forma mecánica; en cambio, se centra en la construcción de significados que le permiten interpretar y comprender el mundo. Esta visión sitúa a la mente como una herramienta activa que, mediante el uso del lenguaje, da sentido a las experiencias individuales y colectivas.

Bruner propuso que el pensamiento y el lenguaje se desarrollan a través de tres modos de representación mental, cada uno de los cuales permite distintos niveles de comprensión y expresión:

Modo Enactivo: En la infancia, los humanos interpretan el mundo mediante acciones físicas o enactivas. En este modo, el conocimiento se adquiere a través de la interacción directa con el entorno. Por ejemplo, los niños desarrollan una comprensión del mundo al tocar, mover y explorar objetos. El modo enactivo es básico, pero establece las primeras conexiones mentales necesarias para el desarrollo de representaciones simbólicas.

Modo Icónico: En esta fase, las representaciones se realizan mediante imágenes o iconos mentales. Este modo de representación permite que los individuos recuerden y visualicen objetos y situaciones sin necesidad de tenerlos presentes. Bruner señala que este nivel de representación es fundamental para el desarrollo del pensamiento abstracto y permite que las personas retengan información visual, facilitando la comprensión de conceptos y palabras que evocan imágenes.

Modo Simbólico: En el modo simbólico, las personas utilizan símbolos abstractos —particularmente el lenguaje— para representar y organizar el conocimiento. El lenguaje en este modo de representación permite que los pensamientos se estructuren y transmitan de una forma compleja y compartible con otros. Según Bruner, este modo es el más avanzado y facilita no solo la comunicación sino la construcción de significados profundos y conceptos abstractos.

Bruner enfatiza que el lenguaje es una herramienta crucial para la construcción de significados y representa el puente entre el pensamiento y el mundo externo. A través del lenguaje, los seres humanos organizan sus pensamientos y comunican sus experiencias. Bruner sostiene que el lenguaje no solo refleja el pensamiento, sino que lo modela; en otras palabras, el lenguaje y el pensamiento están entrelazados, de modo que el lenguaje actúa como un marco que guía el proceso de significación.

Este enfoque desafía la noción de que el lenguaje es simplemente un medio de expresión; en lugar de ello, Bruner propone que el lenguaje es una estructura activa que da forma a cómo las personas perciben, interpretan y responden a la realidad. Así, el lenguaje tiene el poder de transformar la experiencia personal en conocimiento compartido, una idea central en el enfoque constructivista que Bruner desarrolló y que tiene profundas implicaciones para la psicología del desarrollo.

Bruner también sugiere que el lenguaje no solo permite a los individuos expresar pensamientos, sino que también construye la realidad en la que viven. Las narrativas —historias y relatos— permiten que las personas den sentido a sus vidas, estableciendo un marco compartido dentro de sus culturas. La realidad es así, en gran medida, una construcción lingüística en la que los individuos organizan sus experiencias y le otorgan significado mediante relatos que comparten con los demás. Este concepto es fundamental en la psicología cultural de Bruner, que sostiene que los significados no son individuales, sino socialmente construidos.

Bruner ve al pensamiento y al lenguaje como procesos activos que permiten la creación de mundos internos, la interpretación de la realidad y la comunicación de ideas y significados. A través del lenguaje, el individuo no solo percibe el mundo, sino que lo transforma y lo comprende en un contexto cultural y social. De este modo, el enfoque cognitivo de Bruner nos permite ver el pensamiento y el lenguaje como procesos no solo de transmisión de información, sino de construcción activa de conocimiento y realidad compartida.

En conclusión, el enfoque cognitivo ha expandido la comprensión del pensamiento y el lenguaje al introducir la idea de que estos procesos involucran representaciones mentales complejas y mecanismos internos que van más allá de respuestas observables. Los modelos de procesamiento de la información y las ideas de Jerome Bruner nos ofrecen un marco en el cual el pensamiento y el lenguaje no solo procesan información, sino que construyen activamente significados y moldean la realidad humana. El lenguaje, así, es la herramienta que transforma las experiencias personales en conocimiento compartido y, en última instancia, en una realidad construida social y culturalmente.

Capítulo 4: Enfoque Psicoanalítico

El psicoanálisis, desarrollado a principios del siglo XX por Sigmund Freud, abrió un nuevo paradigma en el estudio del pensamiento y el lenguaje al introducir la noción del inconsciente. Para Freud, el pensamiento no se limitaba al ámbito consciente, sino que incluía una vasta y compleja dimensión inconsciente que influye en el comportamiento, la percepción y, sobre todo, en la formación del lenguaje. Este capítulo explora las ideas freudianas sobre el pensamiento consciente e inconsciente y analiza cómo el lenguaje es moldeado por mecanismos de represión y simbolización, los cuales revelan la estructura latente de deseos y conflictos internos.

4.1 La visión de Freud sobre el pensamiento consciente e inconsciente

Freud revolucionó la psicología y el estudio de la mente humana al proponer que gran parte del pensamiento reside en el inconsciente, un dominio oculto donde se encuentran deseos, impulsos y recuerdos reprimidos. Esta perspectiva se opone a la idea de que el pensamiento es un proceso completamente racional y consciente. Según Freud, el pensamiento humano se divide en dos niveles:

Pensamiento consciente: Esta es la parte del pensamiento que el individuo experimenta y controla directamente. Involucra los procesos mentales activos, las decisiones, las reflexiones y las interpretaciones que la persona puede reconocer. El pensamiento consciente es visible, accesible y racional, y se basa en la lógica y en la organización secuencial de las ideas.

Pensamiento inconsciente: Esta es la parte oculta del pensamiento, donde residen impulsos y deseos primitivos, memorias reprimidas y conflictos no resueltos. Freud describe el inconsciente como una fuerza poderosa que se manifiesta de forma indirecta a través de sueños, actos fallidos, lapsus y síntomas neuróticos. A diferencia del pensamiento consciente, el inconsciente no está sometido a la lógica ni al tiempo lineal; funciona de manera simbólica y atemporal, influenciando en gran medida tanto el comportamiento como el lenguaje.

Freud divide la estructura psíquica en tres componentes esenciales que organizan y dirigen el pensamiento:

Ello: Representa la parte más primitiva y profunda de la mente, donde residen los deseos e impulsos instintivos. El ello funciona bajo el principio del placer, buscando la satisfacción inmediata sin considerar las normas sociales o morales.

Yo: Es la parte racional y mediadora de la personalidad, que intenta equilibrar los deseos del ello con las exigencias del superyó y las realidades del mundo externo. El yo opera bajo el principio de realidad, utilizando la lógica y la reflexión para tomar decisiones conscientes.

Superyó: Se origina a partir de las normas sociales y culturales interiorizadas. Actúa como una autoridad moral que regula el comportamiento, reprimiendo deseos y pensamientos que considera inaceptables.

Este modelo de la estructura psíquica es fundamental para entender cómo el pensamiento se desarrolla y se articula en diferentes niveles, afectando tanto las palabras que se expresan conscientemente como aquellas que se ocultan o distorsionan a nivel inconsciente.

4.2 Análisis de la estructura del lenguaje en los conceptos de represión y simbolización

En el enfoque psicoanalítico, el lenguaje no solo es un medio para comunicar ideas; también es una manifestación de los procesos inconscientes. Freud argumenta que la represión y la simbolización son dos mecanismos fundamentales que influencian la estructura y el contenido del lenguaje, haciendo que este actúe como una vía para expresar deseos y conflictos de manera indirecta.

La represión es el proceso mediante el cual el yo mantiene ciertos pensamientos, recuerdos o deseos fuera de la conciencia, por considerarlos inaceptables o perturbadores. Estos elementos reprimidos, aunque ocultos, siguen influyendo en la mente y emergen de manera disfrazada en el lenguaje cotidiano. Freud observa que los actos fallidos y los lapsus —errores aparentemente accidentales al hablar o escribir— son manifestaciones del inconsciente que revelan deseos o conflictos reprimidos.

Por ejemplo, un individuo que dice algo involuntariamente ofensivo o incorrecto podría estar expresando un pensamiento reprimido. Estos errores lingüísticos, conocidos como "lapsus freudianos", son indicadores de la estructura inconsciente que afecta el lenguaje, incluso en contra de la voluntad consciente del hablante. La represión, entonces, no solo limita el acceso a ciertos pensamientos, sino que influye en cómo los individuos eligen y estructuran sus palabras, revelando en el lenguaje lo que no se puede expresar de manera directa.

La simbolización es otro proceso central en el psicoanálisis, especialmente en el contexto de los sueños, los cuales Freud considera como "el camino real hacia el inconsciente". Según Freud, los sueños son una forma de lenguaje simbólico en el que los deseos reprimidos se representan mediante imágenes y metáforas. Estos símbolos, aparentemente desconectados de la realidad consciente, permiten que los pensamientos inconscientes se expresen sin ser reprimidos de inmediato.

Freud identifica dos procesos en el lenguaje de los sueños que también influyen en el lenguaje cotidiano:

Condensación: En este proceso, múltiples ideas o deseos se combinan en un solo símbolo o imagen. Por ejemplo, en un sueño, una figura que representa autoridad puede simbolizar tanto al padre como a una figura de poder laboral. En el lenguaje, la condensación se observa en expresiones metafóricas y dobles sentidos, donde una palabra o frase puede cargar múltiples significados simultáneos.

Desplazamiento: Este proceso consiste en trasladar el significado o la intensidad emocional de una idea o imagen a otra menos conflictiva. En los sueños, los deseos reprimidos pueden desplazarse hacia objetos o situaciones aparentemente inocentes. En el lenguaje cotidiano, el desplazamiento se manifiesta en eufemismos, juegos de palabras o expresiones indirectas, que desvían el foco de atención de un tema conflictivo hacia una referencia menos amenazante.

El lenguaje como símbolo de deseos y conflictos

Para Freud, el lenguaje es, en gran medida, un sistema simbólico que contiene significados más allá de lo aparente. La comunicación verbal no solo transmite ideas conscientes, sino también contenidos del inconsciente. Esta perspectiva se extiende al análisis de las figuras retóricas, metáforas y simbolismos en la literatura y la cultura, donde los temas recurrentes de amor, muerte, poder y deseo reflejan pulsiones fundamentales y deseos reprimidos de la psique humana.

La simbolización y la represión dan lugar a un lenguaje en el que el individuo proyecta y oculta simultáneamente sus pensamientos. Así, el lenguaje no solo es una herramienta para describir la realidad externa, sino una vía para explorar y expresar la realidad interna de manera compleja y sutil.

El enfoque psicoanalítico ofrece una visión única del pensamiento y el lenguaje al revelar cómo estos procesos están profundamente influenciados por el inconsciente. A través de mecanismos como la represión y la simbolización, el lenguaje se convierte en un medio de expresión indirecta de la vida inconsciente, mostrando tanto lo que se intenta decir como lo que se oculta.

El estudio del pensamiento y el lenguaje desde esta perspectiva psicoanalítica profundiza nuestra comprensión de la mente humana, pues nos permite ver que el lenguaje va más allá de la comunicación explícita. La estructura de las palabras y las frases no solo refleja pensamientos conscientes, sino también una red de significados y emociones reprimidas, que se manifiestan de manera simbólica. Este enfoque sugiere que, al analizar el lenguaje y el pensamiento, se pueden descifrar patrones que revelan los deseos más profundos y los conflictos internos de la psique humana. Así, el psicoanálisis aporta una dimensión enriquecedora a la psicología al considerar el lenguaje como una ventana hacia el inconsciente, expandiendo nuestra comprensión de la naturaleza humana.

Capítulo 5: Enfoque Sociocultural

El enfoque sociocultural, propuesto por Lev Vygotsky, introduce una perspectiva innovadora en el estudio del pensamiento y el lenguaje al considerar que ambos procesos no son meramente individuales, sino interdependientes y profundamente influidos por el contexto social y cultural. Vygotsky desafía la visión tradicional del desarrollo cognitivo al proponer que las funciones psicológicas superiores, incluido el pensamiento, surgen y se desarrollan a través de la interacción social y no de manera aislada. Este capítulo explora las teorías vygotskianas sobre el pensamiento y el lenguaje, y examina conceptos clave como la zona de desarrollo próximo, la internalización y la mediación social, los cuales establecen cómo el desarrollo humano es producto de una construcción compartida entre el individuo y su entorno.

5.1 Teorías de Lev Vygotsky sobre el pensamiento y el lenguaje como procesos interdependientes

Lev Vygotsky, psicólogo y teórico ruso, postula que el desarrollo del pensamiento y del lenguaje en el ser humano es un proceso inherentemente social. Contrario a la perspectiva de otros enfoques que consideran estos procesos como autónomos, Vygotsky sugiere que el pensamiento y el lenguaje son interdependientes, es decir, se desarrollan mutuamente y no pueden entenderse plenamente de manera aislada.

Para Vygotsky, el lenguaje es una herramienta cultural que transforma la forma en que los individuos piensan. Inicialmente, el lenguaje es una función externa: los niños adquieren el lenguaje como medio de comunicación con otros, pero gradualmente comienzan a utilizarlo para organizar su propio pensamiento, desarrollando el lenguaje interno. Este cambio marca un hito en el desarrollo cognitivo, ya que el lenguaje se convierte en una herramienta de autorregulación y en una guía para el pensamiento. Vygotsky postula que el desarrollo intelectual y lingüístico sigue un proceso de externalización e internalización en el que ambos elementos avanzan de manera conjunta y se refuerzan entre sí.

Para Vygotsky, la relación entre pensamiento y lenguaje se estructura en tres fases:

Etapa primitiva: Durante los primeros años de vida, el niño utiliza el lenguaje únicamente como medio de comunicación externa. En esta etapa, el lenguaje y el pensamiento operan de forma independiente.

Etapa de fusión: Con el tiempo, los niños comienzan a utilizar el lenguaje no solo para comunicarse con otros, sino también para planificar y controlar su propio comportamiento. El lenguaje externo evoluciona y da paso a un lenguaje interno que transforma el pensamiento en un proceso más organizado y controlado.

Etapa de internalización: Finalmente, el lenguaje se convierte en un diálogo interno que permite al individuo pensar de manera independiente y reflexiva. Esta forma de lenguaje interno es clave para la autorregulación y para la organización de pensamientos complejos.

Este modelo de desarrollo subraya cómo el pensamiento y el lenguaje son procesos interdependientes que se influyen y potencian mutuamente, siendo el lenguaje el vehículo que permite al pensamiento alcanzar una mayor complejidad.

5.2 Conceptos clave en el enfoque sociocultural

La teoría de Vygotsky se sustenta en varios conceptos fundamentales que detallan cómo el pensamiento y el lenguaje se desarrollan en un contexto social y cultural, destacando el papel de la interacción social en el desarrollo de las funciones mentales superiores. A continuación, se presentan los conceptos clave de la teoría sociocultural.

La zona de desarrollo próximo es uno de los conceptos más conocidos y fundamentales de la teoría de Vygotsky. Esta zona se define como la distancia entre lo que un individuo puede realizar por sí mismo y lo que puede lograr con la ayuda de una persona más experimentada (como un adulto o un compañero de mayor competencia). Este concepto sugiere que el aprendizaje siempre ocurre en un contexto social y que el desarrollo cognitivo es potenciado a través de la interacción con otros.

La ZDP es especialmente relevante en el desarrollo del pensamiento y del lenguaje, ya que permite que los individuos adquieran habilidades y conceptos que están fuera de su alcance inmediato. A través de la guía y el apoyo, las personas aprenden a pensar de formas más sofisticadas y a utilizar el lenguaje de manera más efectiva. La ZDP resalta cómo el aprendizaje y el desarrollo son procesos colaborativos, en los que la interacción social proporciona el andamiaje necesario para que el individuo alcance su potencial máximo.

La internalización es el proceso mediante el cual las funciones psicológicas externas, observadas y practicadas en el contexto social, se convierten en funciones internas del individuo. A través de la interacción social, los niños adquieren conocimientos y habilidades que gradualmente internalizan, transformando estas prácticas externas en herramientas mentales internas.

Por ejemplo, cuando un niño utiliza el lenguaje para recibir instrucciones o resolver problemas con la ayuda de un adulto, está participando en un proceso de aprendizaje externo. Con el tiempo, este proceso se internaliza y el niño comienza a hablarse a sí mismo en silencio, usando el lenguaje interno para dirigir su propio pensamiento. La internalización no solo representa el paso del aprendizaje externo al pensamiento interno, sino también la transformación de una actividad social en una herramienta de autorregulación.

Este concepto es crucial para entender cómo el lenguaje y el pensamiento están integrados en el contexto social, y cómo las interacciones sociales actúan como el medio a través del cual el individuo construye sus propias funciones mentales.

La mediación social, en la teoría de Vygotsky, es el proceso mediante el cual los individuos utilizan herramientas y signos provistos por la cultura para transformar sus pensamientos y acciones. El lenguaje es la herramienta de mediación más poderosa y versátil, ya que permite que las personas comuniquen y estructuren ideas, compartan significados y regulen su conducta.

En el contexto del pensamiento y el lenguaje, la mediación social implica que los individuos no solo se comunican con otros a través del lenguaje, sino que también utilizan el lenguaje para mediar y estructurar su propio pensamiento. A través del proceso de mediación, los individuos son capaces de acceder a conocimientos y estructuras de pensamiento que son el producto de la experiencia colectiva de su comunidad. Esto implica que el desarrollo cognitivo no es solo un producto de factores individuales, sino un proceso que depende de la participación activa en la cultura y en las prácticas sociales.

Las teorías de Vygotsky sobre el pensamiento y el lenguaje han sido aplicadas en diversos campos, como la educación, la psicología y el desarrollo del lenguaje. En el ámbito educativo, la ZDP y la mediación social son conceptos centrales que subrayan la importancia de la interacción entre el estudiante y el maestro. Los docentes actúan como mediadores que ayudan a los estudiantes a construir sus propios conocimientos y a desarrollar su pensamiento mediante el uso del lenguaje y otras herramientas culturales.

Además, el concepto de internalización tiene aplicaciones significativas en la terapia y la psicología clínica, pues sugiere que, mediante el diálogo y la interacción con el terapeuta, el paciente puede aprender a internalizar herramientas cognitivas que faciliten su propio autocontrol y autorregulación. A través de la interacción social, los individuos no solo adquieren habilidades, sino que también desarrollan la capacidad para reflexionar y analizar su propio pensamiento, lo que resulta fundamental para el desarrollo del yo y la autorregulación emocional.

El enfoque sociocultural de Lev Vygotsky aporta una comprensión profunda de la interdependencia entre pensamiento y lenguaje, al enfatizar el papel de la interacción social y la cultura en el desarrollo de las funciones mentales superiores. La zona de desarrollo próximo, la internalización y la mediación social no solo destacan cómo el pensamiento y el lenguaje están entrelazados, sino también cómo ambos procesos dependen de la colaboración y el contexto cultural.

Para Vygotsky, el desarrollo del pensamiento y del lenguaje es un proceso colaborativo en el que el aprendizaje se construye a través de la participación activa en una comunidad. El individuo no solo adquiere conocimientos, sino que también desarrolla habilidades y herramientas internas para transformar y regular su propio pensamiento y lenguaje. Este enfoque sociocultural ofrece una perspectiva enriquecedora sobre la naturaleza humana, mostrando que el pensamiento y el lenguaje son el resultado de una construcción social y cultural que refleja la riqueza de la experiencia humana.

Capítulo 6: Bases psicobiológicas del pensamiento y del lenguaje

La segunda parte del libro se adentra en el estudio de los fundamentos psicobiológicos y neurocientíficos del pensamiento y del lenguaje, explorando cómo estos procesos dependen de estructuras cerebrales específicas y de la dinámica de conexiones neuronales. Este enfoque complementa las perspectivas psicológicas y socioculturales al examinar el funcionamiento físico del cerebro y los sistemas neuronales que sostienen las habilidades cognitivas complejas.

En este capítulo, se presentan las estructuras cerebrales que participan en el lenguaje, como las áreas de Broca y Wernicke, que son esenciales para la producción y comprensión del lenguaje, respectivamente. Además, se analiza cómo el cerebro permite el desarrollo y la flexibilidad del pensamiento a través de la plasticidad neuronal y las interconexiones sinápticas que facilitan la adaptación y el aprendizaje. Este capítulo establece la base para comprender cómo el lenguaje y el pensamiento están profundamente integrados con las funciones biológicas y cómo el cerebro es un órgano esencial en la manifestación de estos procesos psicológicos básicos.

6.1 Estructuras cerebrales involucradas en el lenguaje

El lenguaje es una habilidad cognitiva única y compleja, y su producción y comprensión dependen de un conjunto especializado de áreas en el cerebro. Las áreas de Broca y Wernicke, situadas en el hemisferio izquierdo de la corteza cerebral, son las principales responsables del procesamiento del lenguaje.

Ubicada en el lóbulo frontal izquierdo, el área de Broca es responsable de la producción del lenguaje hablado y escrito. Esta región fue identificada por el neurocirujano francés Paul Broca en el siglo XIX, quien observó que los pacientes con lesiones en esta área presentaban dificultades para hablar, aunque su capacidad para comprender el lenguaje no se veía afectada significativamente. Este tipo de afección, conocida como afasia de Broca, se caracteriza por un habla lenta y laboriosa, pero con un significado claro. A partir de estos descubrimientos, el área de Broca ha sido considerada fundamental para la articulación del lenguaje y la gramática.

Situada en el lóbulo temporal izquierdo, el área de Wernicke, identificada por el neurólogo alemán Carl Wernicke, es clave para la comprensión del lenguaje. Las personas con lesiones en esta región pueden articular palabras, pero su discurso suele carecer de coherencia y, a menudo, no comprenden lo que otros dicen. Esta condición se conoce como afasia de Wernicke y demuestra cómo la comprensión del lenguaje y la producción significativa dependen de una red de procesamiento compleja. Mientras que el área de Broca se especializa en la estructura y la articulación del lenguaje, el área de Wernicke es responsable de darle sentido y significado a las palabras.

El fascículo arqueado es un conjunto de fibras nerviosas que conecta las áreas de Broca y Wernicke, permitiendo la comunicación entre ambas regiones. Esta conexión es esencial para coordinar la comprensión y la producción del lenguaje, y su integridad es crucial para la fluidez del discurso. Las interrupciones en esta red de fibras pueden resultar en una afasia de conducción, en la que los individuos pueden entender y producir lenguaje, pero tienen dificultades para repetir palabras o frases.

6.2 Conexiones neuronales y plasticidad en el desarrollo del pensamiento

El pensamiento es una actividad que depende de un sistema de conexiones neuronales intrincadas que permiten al cerebro procesar información, establecer asociaciones y adaptarse a nuevas experiencias. A lo largo de la vida, el cerebro mantiene una capacidad de adaptación llamada plasticidad neuronal, que facilita el aprendizaje y el desarrollo del pensamiento.

La plasticidad neuronal es la capacidad del cerebro para reorganizar sus conexiones en respuesta a la experiencia y el aprendizaje. Este proceso es especialmente activo durante la infancia y la adolescencia, pero también ocurre en la vida adulta, permitiendo que las personas se adapten a cambios ambientales y a nuevas exigencias cognitivas. La plasticidad neuronal permite la creación de nuevas conexiones sinápticas y la modificación de circuitos existentes, lo que es esencial para el desarrollo del pensamiento y la adquisición de habilidades complejas, como el razonamiento y la resolución de problemas.

En el contexto del pensamiento, la plasticidad neuronal facilita la capacidad de integrar información de diversas fuentes, generar conceptos abstractos y formar representaciones mentales. La flexibilidad cognitiva y la capacidad de adaptar el pensamiento a nuevas situaciones se sustentan en esta propiedad de la plasticidad.

El pensamiento se organiza en redes neuronales que integran información proveniente de diferentes áreas del cerebro, permitiendo la formación de conceptos y el razonamiento. Estas redes son dinámicas y se fortalecen o debilitan en función de la frecuencia y el contexto de su activación. La sinapsis, el punto de conexión entre dos neuronas, es la base de la comunicación neuronal y de la formación de redes de pensamiento.

Las sinapsis facilitan la transmisión de impulsos eléctricos y permiten que la información viaje entre neuronas. Cuando las conexiones sinápticas se activan repetidamente, se produce un proceso llamado potenciación a largo plazo (PLP), que fortalece las conexiones y facilita la formación de recuerdos y el aprendizaje. Este proceso es esencial para el pensamiento, ya que permite que las experiencias y el conocimiento previo influyan en la manera en que interpretamos y resolvemos problemas.

El cerebro humano posee circuitos especializados para el razonamiento y la resolución de problemas, los cuales se desarrollan y se fortalecen a lo largo de la vida mediante la exposición a desafíos cognitivos. Las redes frontoparietales, que incluyen áreas en el lóbulo frontal y el lóbulo parietal, son fundamentales para estas actividades. Estas redes permiten la integración de información sensorial y conceptual, y son responsables de la planificación, el control de impulsos y la toma de decisiones.

Además, el sistema límbico, que regula las emociones y las respuestas motivacionales, interactúa con las redes de pensamiento en el lóbulo frontal para influir en la toma de decisiones y en el juicio. Esta interacción entre emociones y cognición es crucial, ya que el pensamiento no es un proceso aislado de las emociones, sino que ambas funciones se retroalimentan y moldean mutuamente. La capacidad del cerebro para integrar información emocional y cognitiva es fundamental para el desarrollo de un pensamiento adaptativo y para la construcción de juicios complejos.

La psicobiología del pensamiento y el lenguaje sugiere que ambos procesos están anclados en estructuras cerebrales específicas y dependen de la conectividad y la plasticidad neuronal. Este enfoque implica que las capacidades cognitivas no solo son producto de la experiencia y la socialización, sino también de la evolución biológica y del desarrollo neurológico individual.

Entender el pensamiento y el lenguaje desde un enfoque psicobiológico permite observar cómo los seres humanos pueden adaptarse a entornos cambiantes, desarrollar conceptos abstractos y utilizar el lenguaje de manera flexible para comunicar ideas complejas. La plasticidad neuronal también implica que el cerebro humano puede aprender y adaptarse a lo largo de la vida, lo que plantea interrogantes sobre el potencial de la intervención cognitiva en la mejora de las habilidades lingüísticas y de razonamiento.

Este capítulo ha presentado una visión psicobiológica y neurocientífica de los fundamentos del pensamiento y del lenguaje, destacando cómo las estructuras cerebrales y la plasticidad neuronal son esenciales para estos procesos. La interacción entre el área de Broca, el área de Wernicke y el fascículo arqueado revela cómo el cerebro produce y comprende el lenguaje, mientras que la plasticidad neuronal y las conexiones sinápticas subrayan la adaptabilidad del pensamiento.

Este enfoque permite comprender que el pensamiento y el lenguaje no son funciones estáticas, sino dinámicas, moldeadas por la experiencia y sostenidas por una red de estructuras y conexiones neuronales en constante cambio.

Capítulo 7: Neurofisiología del pensamiento

Este capítulo aborda el pensamiento desde una perspectiva neurofisiológica, centrándose en los circuitos neuronales y los procesos de la corteza prefrontal, área cerebral esencial para el procesamiento de la información, la planificación, la memoria de trabajo y la toma de decisiones. La corteza prefrontal, situada en la región frontal del cerebro, es el centro de las funciones ejecutivas, aquellas que permiten planificar, razonar y tomar decisiones.

Además de analizar cómo estas funciones se manifiestan en el cerebro, este capítulo explora teorías sobre la memoria de trabajo, un sistema que permite mantener y manipular la información activa para el uso inmediato, y cómo esta se entrelaza con la toma de decisiones. En conjunto, estos procesos reflejan la complejidad y adaptabilidad del pensamiento humano y son fundamentales para comprender cómo el cerebro facilita la resolución de problemas y la formulación de respuestas apropiadas a los estímulos ambientales.

7.1 Circuitos neuronales y procesamiento de la información en la corteza prefrontal

La corteza prefrontal (CPF) juega un papel central en el pensamiento avanzado, ya que coordina la información de múltiples regiones del cerebro para generar respuestas flexibles y adaptativas. Este rol se manifiesta principalmente a través de dos funciones principales: el procesamiento de la información y la regulación de la actividad de otras áreas cerebrales.

La CPF se divide en varias subregiones, cada una de las cuales contribuye a aspectos específicos del pensamiento y la toma de decisiones:

Corteza prefrontal dorsolateral (CPF-DL): Esta subregión es crucial para la memoria de trabajo y el procesamiento de la información abstracta. La CPF-DL permite al individuo planificar y organizar acciones, anticipar consecuencias y desarrollar estrategias para alcanzar objetivos. Además, participa en la regulación de la atención y la inhibición de respuestas automáticas, procesos esenciales para el autocontrol y la flexibilidad cognitiva.

Corteza prefrontal ventromedial (CPF-VM): Asociada con el procesamiento de emociones y valores, esta área desempeña un papel clave en la toma de decisiones basada en recompensas y en el juicio de riesgos. La CPF-VM se integra con el sistema límbico, lo que permite que el pensamiento se vea influenciado por las emociones y las experiencias previas, generando una toma de decisiones más contextual y adaptativa.

Corteza orbitofrontal (COF): Relacionada con la evaluación de recompensas y la adaptación de comportamientos en función del contexto, la COF ayuda en la toma de decisiones socialmente apropiadas y en la modulación de impulsos. Su disfunción se ha relacionado con problemas en el autocontrol y en la regulación de comportamientos sociales.

Los circuitos neuronales en la CPF están organizados en redes complejas que permiten la integración de información desde diversas áreas del cerebro. Estos circuitos utilizan neurotransmisores como la dopamina y el glutamato para facilitar la comunicación entre neuronas y modular la actividad sináptica. La dopamina, en particular, desempeña un papel importante en los circuitos de recompensa, afectando la motivación y la valoración de recompensas en la toma de decisiones.

Además de la comunicación interna, la CPF se conecta extensamente con otras regiones del cerebro, como el hipocampo (implicado en la memoria a largo plazo), la amígdala (procesadora de emociones) y el córtex parietal (asociado con la percepción y la atención). Esta conectividad permite que el cerebro se adapte a nuevas situaciones al integrar experiencias previas y emociones, lo cual es esencial para el pensamiento complejo y la toma de decisiones.

7.2 Teorías sobre la memoria de trabajo y la toma de decisiones

El pensamiento humano depende en gran medida de la capacidad de mantener información activa en la memoria de trabajo y de usarla para guiar la toma de decisiones. Este proceso es fundamental para tareas que requieren razonamiento, como resolver problemas o realizar análisis comparativos.

La memoria de trabajo es un sistema cognitivo que permite retener temporalmente información para su uso inmediato en tareas complejas. Una de las teorías más reconocidas en este ámbito es la propuesta por Alan Baddeley, quien divide la memoria de trabajo en componentes especializados:

Bucle fonológico: Almacena y manipula la información verbal y auditiva. Es esencial para tareas como recordar secuencias de números o palabras.

Agenda Visoespacial: Encargada de retener y manipular información visual y espacial, como recordar una ruta o visualizar un objeto en el espacio.

Ejecutivo Central: Actúa como el sistema controlador, coordinando los otros componentes y dirigiendo la atención hacia la información relevante. El ejecutivo central es particularmente importante en situaciones que requieren el manejo simultáneo de múltiples fuentes de información.

La corteza prefrontal dorsolateral (CPF-DL) es el centro neurálgico del ejecutivo central, ya que permite priorizar y organizar la información necesaria para la resolución de problemas y la toma de decisiones. Esta función es esencial para el pensamiento adaptativo, ya que permite ignorar distracciones y enfocar la atención en la información relevante.

La toma de decisiones es un proceso multifacético que depende tanto de la memoria de trabajo como de la valoración de opciones y la anticipación de resultados. Existen varias teorías que explican cómo se toman las decisiones desde una perspectiva neurocientífica:

Teoría de la utilidad esperada: Sostiene que las decisiones se toman con base en la valoración subjetiva de las recompensas y los riesgos asociados a cada opción. La corteza prefrontal ventromedial y el sistema de recompensa, que involucra regiones como el núcleo accumbens, se activan cuando el cerebro evalúa los beneficios potenciales de una decisión.

Teoría de la toma de decisiones basada en modelos: Esta teoría sugiere que el cerebro crea representaciones mentales de las posibles consecuencias de una decisión antes de actuar. Estas representaciones se generan en la CPF y permiten evaluar diversas estrategias antes de seleccionar la más adecuada.

Teoría de la toma de decisiones basada en las emociones: Postula que las emociones desempeñan un papel fundamental en la toma de decisiones. La CPF-VM y la amígdala están profundamente implicadas en esta teoría, ya que la CPF-VM evalúa el valor emocional de cada opción, mientras que la amígdala responde a estímulos emocionales intensos, influyendo en las decisiones.

Teoría del doble proceso: Esta teoría plantea que existen dos sistemas de procesamiento en el cerebro para la toma de decisiones. El sistema rápido e intuitivo (Sistema 1) toma decisiones de forma inmediata y automática, mientras que el sistema lento y analítico (Sistema 2) es deliberado y analítico, procesando información de manera racional. La CPF facilita el Sistema 2, que permite reflexionar sobre las decisiones en lugar de actuar impulsivamente.

La toma de decisiones es, en esencia, un proceso que requiere integrar información cognitiva, emocional y contextual. La CPF participa activamente en este proceso, permitiendo la evaluación de las opciones y la anticipación de las consecuencias. La corteza prefrontal dorsolateral y ventromedial trabajan en conjunto, integrando información cognitiva y emocional para seleccionar la mejor respuesta.

La dopamina, un neurotransmisor clave en el sistema de recompensa, también juega un papel crucial en la toma de decisiones, especialmente en situaciones en las que el individuo debe elegir entre una recompensa inmediata y una gratificación a largo plazo. Este proceso es fundamental para el autocontrol y la planificación a largo plazo, y su disfunción puede llevar a decisiones impulsivas y a un menor control de los impulsos.

La neurofisiología del pensamiento y de la toma de decisiones ofrece una visión profunda sobre cómo el cerebro permite la adaptación y la flexibilidad en contextos cambiantes. Las estructuras y los circuitos neuronales en la corteza prefrontal se configuran para procesar, evaluar y utilizar información para seleccionar las respuestas más adecuadas, ya sea en situaciones simples o complejas.

Los modelos de memoria de trabajo y las teorías sobre la toma de decisiones revelan que el pensamiento humano depende de la capacidad de anticipar y evaluar consecuencias, así como de regular las emociones en función de la información disponible. La comprensión de estos procesos permite identificar las bases neurológicas que sostienen la flexibilidad cognitiva, la resolución de problemas y la planificación.

Este capítulo ha explorado los aspectos neurofisiológicos del pensamiento y de la toma de decisiones, abordando cómo las estructuras de la corteza prefrontal facilitan el procesamiento de la información y permiten tomar decisiones complejas. La memoria de trabajo y la toma de decisiones se sustentan en circuitos neuronales complejos que integran datos sensoriales, emocionales y cognitivos para generar respuestas adecuadas al contexto.

En los próximos capítulos, se profundizará en cómo el lenguaje y el pensamiento están interrelacionados en el cerebro, y cómo estas capacidades son esenciales para la adaptación humana y para la construcción de la identidad y el conocimiento en el contexto de la cultura y la sociedad.

Capítulo 8: Neurociencia del lenguaje

Este capítulo examina cómo el cerebro procesa el lenguaje, explorando los hallazgos de la neurociencia en relación con las estructuras cerebrales responsables del lenguaje, y cómo las emociones influyen en este proceso a través de conexiones con el sistema límbico. Los avances en técnicas de neuroimagen, como la resonancia magnética funcional (fMRI) y la tomografía por emisión de positrones (PET), han permitido obtener una visión precisa de las áreas y circuitos cerebrales que se activan durante el procesamiento del lenguaje. Estos estudios revelan no sólo cómo el cerebro genera y comprende el lenguaje, sino también cómo el lenguaje emocional está vinculado a estructuras cerebrales relacionadas con el procesamiento afectivo.

8.1 Investigaciones en neuroimagen sobre el procesamiento del lenguaje

Las investigaciones en neuroimagen han revolucionado nuestra comprensión del procesamiento del lenguaje en el cerebro, identificando áreas clave y sus funciones específicas en la producción y comprensión del lenguaje. Dos de las áreas más conocidas y estudiadas en este contexto son el **Área de Broca** y el **Área de Wernicke**.

El Área de Broca, ubicada en el lóbulo frontal izquierdo, desempeña un papel fundamental en la producción del lenguaje. Este descubrimiento se remonta al trabajo del neurólogo francés Paul Broca, quien observó que daños en esta región provocaban dificultades en la producción del habla, una condición conocida como **afasia de Broca**. Las personas con esta afasia pueden comprender el lenguaje hablado y escrito, pero encuentran dificultades para articular palabras y construir oraciones completas. Estudios de neuroimagen confirman que el Área de Broca se activa durante tareas de producción de lenguaje y en la planificación de estructuras gramaticales complejas.

Situada en el lóbulo temporal izquierdo, el Área de Wernicke es responsable de la comprensión del lenguaje. Karl Wernicke, otro pionero en la neurociencia del lenguaje, identificó que las lesiones en esta región afectan la capacidad de comprensión lingüística. La **afasia de Wernicke** se caracteriza por la producción de un lenguaje fluido pero incoherente, donde el significado de las palabras y la estructura de las oraciones suelen perderse. Las investigaciones en neuroimagen han mostrado que el Área de Wernicke se activa durante la escucha y comprensión de palabras y frases, siendo esencial para la interpretación del significado del lenguaje en un contexto.

Más allá de las áreas de Broca y Wernicke, la neurociencia ha identificado una red compleja de conexiones que permiten el procesamiento y la integración del lenguaje en el cerebro. Un componente crucial de esta red es el **fascículo arqueado**, un conjunto de fibras que conecta el Área de Broca y el Área de Wernicke, facilitando la comunicación entre estas dos regiones y permitiendo la coordinación entre la comprensión y la producción del lenguaje. La integridad del fascículo arqueado es fundamental para la fluidez y coherencia del lenguaje, y su disfunción ha sido relacionada con diversos trastornos del lenguaje.

Estudios recientes han demostrado que el procesamiento del lenguaje no se limita a estas áreas clásicas. Otras regiones, como la corteza parietal y el giro angular, están involucradas en la interpretación de matices semánticos y en la comprensión de metáforas y simbolismos. Estas áreas adicionales permiten la interpretación contextual del lenguaje, habilitando una comunicación compleja y culturalmente rica.

Las técnicas de neuroimagen han permitido observar la activación cerebral en tiempo real, revelando que el procesamiento del lenguaje implica tanto la activación de áreas específicas como la sincronización entre diferentes regiones del cerebro. Por ejemplo, el procesamiento de palabras con carga emocional o relacionadas con experiencias sensoriales activa áreas adicionales, como la corteza somatosensorial y el sistema límbico, lo que evidencia cómo el cerebro integra el lenguaje con experiencias sensoriales y emocionales.

8.2 Conexiones entre el sistema límbico y el lenguaje emocional

El lenguaje humano no sólo transmite información, sino que también comunica emociones, lo que implica una estrecha interacción entre los sistemas cerebrales que regulan el lenguaje y las emociones. Esta capacidad de expresar y comprender el lenguaje emocional es una característica distintiva de la comunicación humana y se sustenta en las conexiones entre el sistema límbico y las áreas de procesamiento del lenguaje.

El sistema límbico, que incluye estructuras como la **amígdala**, el **hipocampo**, el **córtex cingulado** y el **núcleo accumbens**, desempeña un papel crucial en la regulación emocional y en la formación de recuerdos asociados a experiencias afectivas. La amígdala, en particular, es conocida por su papel en la evaluación de estímulos emocionales y en la generación de respuestas afectivas, especialmente en situaciones de amenaza o recompensa. Estas respuestas emocionales están profundamente entrelazadas con el lenguaje, ya que las palabras pueden evocar recuerdos y emociones intensas que influyen en la comunicación y en la interpretación de mensajes.

Las investigaciones en neuroimagen han revelado que las conexiones entre la amígdala y las áreas de procesamiento del lenguaje, como el Área de Broca y la corteza prefrontal, facilitan la interpretación emocional del lenguaje. Por ejemplo, cuando una persona escucha palabras con connotaciones emocionales fuertes, como "amor" o "odio," la amígdala se activa junto con el Área de Broca, lo que permite que el cerebro asocie el significado lingüístico con una respuesta emocional. Esta interacción es fundamental para la empatía y la comunicación interpersonal, ya que permite que las personas perciban y respondan a las emociones implícitas en las palabras de los demás.

Además de la amígdala, el hipocampo también participa en el lenguaje emocional, facilitando la recuperación de recuerdos emocionales asociados con ciertas palabras o temas. Este proceso es especialmente relevante en situaciones donde el lenguaje se utiliza para expresar experiencias personales o para rememorar eventos emocionalmente significativos.

El aprendizaje de nuevas palabras y expresiones emocionales demuestra la plasticidad del cerebro en la adaptación al contexto cultural y social. La corteza prefrontal y el sistema límbico trabajan en conjunto para adaptar el lenguaje a situaciones específicas, permitiendo una comunicación más adecuada y empática. La neuroplasticidad permite que el cerebro integre constantemente nuevas asociaciones emocionales, lo que es esencial para el desarrollo de la inteligencia emocional y para la adaptación al entorno social.

Estudios recientes sugieren que el entrenamiento en la regulación emocional, como la práctica de la meditación y la atención plena, puede influir en la interacción entre el sistema límbico y las áreas de procesamiento del lenguaje. Estas prácticas parecen fortalecer las conexiones entre la corteza prefrontal y la amígdala, facilitando un mejor control de las emociones expresadas verbalmente.

8.3 Implicaciones de la neurociencia del lenguaje en la comunicación humana

El estudio de la neurociencia del lenguaje revela que la comunicación humana es una actividad multifacética, en la que la transmisión de información se entrelaza con la expresión de emociones y la construcción de significados compartidos. La capacidad de asociar palabras con emociones y de responder a las emociones implícitas en el lenguaje permite a los individuos participar en interacciones más significativas y efectivas. Esta habilidad es esencial no sólo para la comunicación interpersonal, sino también para la construcción de relaciones sociales y culturales.

La neurociencia del lenguaje también tiene implicaciones para el desarrollo de terapias y técnicas de rehabilitación en personas con trastornos del lenguaje y la comunicación. La comprensión de cómo el cerebro procesa y regula el lenguaje emocional permite diseñar intervenciones que faciliten la rehabilitación de personas con dificultades en la expresión o interpretación de emociones, como en el caso de individuos con trastornos del espectro autista o con lesiones cerebrales.

El lenguaje es una capacidad fundamental que permite a los seres humanos comunicar no sólo ideas, sino también emociones y valores. Las investigaciones en neuroimagen han iluminado los circuitos neuronales que sustentan el procesamiento del lenguaje y han revelado cómo estas redes se entrelazan con las áreas cerebrales que regulan las emociones. La interacción entre el sistema límbico y las áreas de procesamiento del lenguaje evidencia que el lenguaje emocional es una dimensión central de la comunicación humana, facilitando la empatía y la comprensión mutua.

Este capítulo ha destacado cómo la neurociencia contribuye a comprender la riqueza y complejidad del lenguaje humano, proporcionando una base para estudiar cómo las experiencias personales, los contextos sociales y los estados emocionales influyen en el procesamiento y la expresión del lenguaje. En los capítulos siguientes, se examinará cómo los enfoques filosóficos y sociológicos abordan la interrelación entre el pensamiento y el lenguaje, ofreciendo una perspectiva complementaria y crítica a los estudios neurocientíficos.

Capítulo 9: El Pensamiento y el lenguaje en la evolución humana

En este capítulo, abordaremos el desarrollo del pensamiento y el lenguaje en el contexto evolutivo, con énfasis en las teorías de Noam Chomsky sobre la **gramática universal** y su relevancia en la evolución del lenguaje humano. Asimismo, compararemos los modelos de comunicación en primates con el lenguaje humano, explorando cómo el lenguaje pudo haber evolucionado para cumplir funciones de adaptación, facilitando la cohesión social, la transmisión de conocimientos y el desarrollo cultural.

9.1 Teorías evolutivas de Noam Chomsky y la gramática universal

Noam Chomsky revolucionó el estudio del lenguaje al proponer la teoría de la gramática universal, una hipótesis que sostiene que los seres humanos nacen con una capacidad innata para adquirir el lenguaje. Según Chomsky, el lenguaje no es únicamente un resultado de la interacción social, sino que surge de una **estructura mental preconfigurada** para reconocer y construir reglas gramaticales comunes en todos los idiomas. La gramática universal propone que existe un conjunto de principios y parámetros universales que subyacen a todas las lenguas, sugiriendo una base genética para el lenguaje y el pensamiento humano.

Chomsky argumenta que la gramática universal es una característica evolutiva que diferencia a los humanos de otras especies. Este sistema gramatical permite a los humanos procesar y generar una cantidad infinita de oraciones a partir de un conjunto limitado de palabras y reglas. Esta **capacidad recursiva** —la habilidad de incorporar frases dentro de otras frases— se considera una de las características distintivas del lenguaje humano y parece no tener paralelo en otras formas de comunicación animal.

Desde una perspectiva evolutiva, la gramática universal plantea la hipótesis de que el lenguaje pudo haber surgido súbitamente como un cambio biológico adaptativo, que otorgó a los humanos ventajas significativas en su entorno. Esta capacidad para comunicar conceptos abstractos, realizar preguntas, expresar hipótesis y planificar el futuro habría permitido a los seres humanos establecer una estructura social compleja y cooperativa. De este modo, la gramática universal de Chomsky sugiere que el lenguaje humano no es un simple resultado de habilidades aprendidas, sino una capacidad evolutiva inherente a la especie.

Aunque la teoría de la gramática universal ha sido altamente influyente, ha generado también considerable debate. Algunos críticos sostienen que el lenguaje podría haberse desarrollado de forma gradual, emergiendo de interacciones sociales y ambientales en lugar de surgir de una mutación biológica específica. Otros cuestionan la idea de una gramática universal innata, argumentando que los lenguajes humanos presentan variaciones sintácticas y gramaticales que no se ajustan completamente a una estructura común.

Investigaciones más recientes en genética y neurociencia han intentado identificar genes o circuitos neuronales que respalden la teoría de Chomsky, pero hasta la fecha, los resultados han sido mixtos. Aunque algunos estudios sugieren que ciertos genes, como el **FOXP2**, están relacionados con el desarrollo del lenguaje, la gramática universal como un rasgo específico y homogéneo sigue siendo una hipótesis en evolución.

9.2 Comparación con modelos de comunicación en primates

El estudio de los primates ha brindado insights valiosos sobre la evolución del lenguaje, ya que, como parientes cercanos, comparten con los humanos una gran parte de su estructura cerebral. Sin embargo, aunque algunos primates son capaces de desarrollar sistemas de comunicación complejos, su capacidad para utilizar el lenguaje es limitada en comparación con los humanos.

Los primates utilizan una variedad de señales vocales, gestuales y visuales para comunicarse. Por ejemplo, los chimpancés y los bonobos pueden transmitir información sobre peligros, alimentación y estado emocional mediante vocalizaciones y expresiones faciales. No obstante, el lenguaje humano difiere en varios aspectos cruciales de estos sistemas de comunicación:

Simbología compleja: A diferencia de los primates, los humanos pueden emplear palabras y símbolos arbitrarios para representar conceptos abstractos y comunicar ideas más allá del momento inmediato. Los primates, en cambio, no muestran una capacidad similar para usar símbolos en este nivel de abstracción.

Recursividad: Los primates pueden aprender una variedad de señales para diferentes situaciones, pero carecen de la capacidad para combinar señales de forma recursiva, como en el caso de las frases complejas humanas. La recursividad permite que el lenguaje humano construya ideas más elaboradas y jerarquizadas, lo cual es crucial para el pensamiento complejo.

Flexibilidad y creatividad: Los humanos pueden crear nuevas palabras y frases para describir experiencias novedosas. Este grado de flexibilidad y creatividad es una característica distintiva del lenguaje humano, mientras que en los primates la comunicación es más limitada y depende de señales previamente establecidas en su repertorio.

El interés en los orígenes del lenguaje ha llevado a varios experimentos de enseñanza de lenguajes de señas y sistemas de símbolos a primates. Entre los más notables se encuentran los experimentos con **Washoe**, un chimpancé que fue entrenado para utilizar el lenguaje de señas estadounidense (ASL), y **Kanzi**, un bonobo que aprendió a comunicarse utilizando un teclado de símbolos. Si bien ambos primates fueron capaces de aprender una cantidad limitada de signos y símbolos para comunicar necesidades y deseos básicos, sus habilidades no alcanzaron la complejidad y creatividad del lenguaje humano.

Estos experimentos revelaron que, si bien algunos primates poseen una capacidad básica para aprender signos y comprender palabras, no logran alcanzar un nivel de sintaxis y estructura gramatical comparable al humano. Esto sugiere que el lenguaje humano podría estar sustentado en capacidades cognitivas y neurológicas especializadas, únicas en la especie humana.

9.3 La teoría de la evolución del lenguaje

Además de la teoría de Chomsky, otros enfoques proponen que el lenguaje pudo haber evolucionado a través de procesos adaptativos y culturales. Según esta perspectiva, el lenguaje habría emergido gradualmente como un producto de las interacciones sociales y la presión por resolver problemas adaptativos en un entorno cambiante.

El lenguaje habría facilitado la cohesión de grupos y la cooperación, permitiendo a los humanos transmitir conocimientos complejos, como técnicas de caza, recolección y defensa. En un contexto donde la supervivencia dependía de la colaboración y la organización, la habilidad para comunicar ideas y experiencias a través del lenguaje ofreció ventajas adaptativas.

En esta teoría, el lenguaje se conceptualiza como un "bien social", cuya función primordial es promover el intercambio de información y la cohesión grupal. A diferencia de la gramática universal, que postula una estructura innata, el enfoque adaptativo sugiere que el lenguaje es flexible y evoluciona junto con el entorno cultural, siendo moldeado por factores externos y sociales.

La arqueología y la antropología proporcionan evidencias indirectas sobre el desarrollo del lenguaje en la evolución humana. El análisis de restos fósiles, como los cráneos de **Homo habilis** y **Homo erectus**, ha mostrado el crecimiento progresivo de áreas cerebrales asociadas con la cognición y el lenguaje, especialmente el lóbulo frontal. Asimismo, la aparición de herramientas complejas y el uso de fuego sugieren que nuestros antepasados desarrollaron formas avanzadas de comunicación para coordinar actividades y transmitir conocimientos.

La antropología cultural también ha examinado cómo el desarrollo del lenguaje está relacionado con la cultura. Lenguas indígenas y lenguajes de signos desarrollados en distintas comunidades revelan la plasticidad del lenguaje humano y su capacidad para adaptarse a necesidades culturales específicas. Esto sugiere que, aunque el lenguaje puede tener una base evolutiva, su forma y estructura son moldeadas por el contexto social y cultural.

Este capítulo ha explorado cómo el pensamiento y el lenguaje humanos pueden entenderse como productos de la evolución, analizando tanto la teoría de la gramática universal de Noam Chomsky como otros enfoques que sugieren un desarrollo gradual del lenguaje como adaptación social. La capacidad de los humanos para construir y entender sistemas lingüísticos complejos es única en el reino animal, y su evolución ha permitido no solo la supervivencia de la especie, sino también el florecimiento de culturas y sociedades. Al conectar el pensamiento abstracto y el lenguaje, los seres humanos han creado una herramienta poderosa para estructurar la realidad, construir significados compartidos y expresar su identidad.

Capítulo 10: Influencias genéticas y epigenéticas en el desarrollo del lenguaje

En este capítulo, exploraremos el papel de los factores genéticos y epigenéticos en el desarrollo del lenguaje humano, examinando cómo ciertos genes contribuyen a las habilidades lingüísticas y cognitivas y cómo el entorno puede modificar la expresión genética a lo largo de la vida. Este enfoque permite comprender la adquisición del lenguaje no solo como un proceso innato, sino también como uno influido por la interacción entre la herencia genética y el entorno en el que se desarrolla el individuo.

10.1 Genes asociados con el lenguaje y la cognición

La investigación genética ha identificado ciertos genes y variantes que se asocian con habilidades específicas en el lenguaje y la cognición. Uno de los genes más estudiados en este campo es el **FOXP2**, conocido como "el gen del lenguaje". Este gen, ubicado en el cromosoma 7, es fundamental para el desarrollo de las habilidades lingüísticas, particularmente en áreas como la producción del habla, la articulación y el aprendizaje secuencial. Su descubrimiento se originó en el estudio de una familia que presentaba una mutación en este gen, lo cual provocaba una marcada dificultad para el habla y el lenguaje.

FOXP2 regula la actividad de otros genes que influyen en el desarrollo de circuitos neuronales en áreas del cerebro involucradas en el control motor, como el **cerebelo** y la **corteza motora**. Esto es esencial para la coordinación de los movimientos orales y faciales necesarios para el habla. Además, este gen se expresa en regiones cerebrales claves para la adquisición y procesamiento del lenguaje, incluyendo las áreas de Broca y Wernicke, las cuales están vinculadas a la producción y comprensión del lenguaje, respectivamente.

Estudios en modelos animales y humanos han demostrado que FOXP2 está implicado en el aprendizaje vocal y en la capacidad para imitar sonidos, lo cual es una habilidad central en la adquisición del lenguaje humano. Aunque no se ha hallado una relación directa entre FOXP2 y la gramática o la sintaxis, su impacto en el aprendizaje de secuencias y patrones es clave para el desarrollo de estructuras lingüísticas complejas.

Además de FOXP2, otros genes han mostrado una influencia en la cognición y el lenguaje. El **CNTNAP2**, por ejemplo, es un gen que interactúa con FOXP2 y está relacionado con el desarrollo de redes neuronales en la corteza cerebral. Las variantes de CNTNAP2 se han asociado con dificultades en el lenguaje y el autismo, lo cual sugiere que podría influir en los aspectos sociales y de comunicación del lenguaje. Otros genes como **ROBO1** y **DCDC2** también han sido vinculados a la habilidad lectora y a la capacidad para reconocer patrones fonológicos, los cuales son fundamentales en el desarrollo del lenguaje escrito y hablado.

10.2 Epigenética y su impacto en la adquisición del lenguaje

Mientras que los genes proporcionan la base para el desarrollo del lenguaje, la epigenética permite que la expresión de esos genes sea modulada por factores ambientales. La **epigenética** estudia cómo las modificaciones químicas en el ADN, como la metilación y la acetilación, regulan la expresión de los genes sin alterar la secuencia genética. Estas modificaciones pueden activarse o desactivarse en respuesta a estímulos ambientales, como el estrés, la nutrición y la estimulación cognitiva.

En la infancia, el cerebro humano exhibe una alta plasticidad, lo cual le permite adaptarse a los estímulos y aprender de manera eficiente. La epigenética juega un papel crucial en esta plasticidad, ya que permite que el cerebro responda a la exposición temprana al lenguaje, ajustando la actividad de genes específicos para fortalecer las conexiones neuronales involucradas en el procesamiento y producción del lenguaje.

Por ejemplo, la exposición temprana a múltiples idiomas o a ambientes ricos en comunicación activa genes asociados al desarrollo lingüístico, mientras que un ambiente con escasa estimulación verbal puede limitar la expresión de esos mismos genes. La epigenética facilita, de este modo, la adaptación del cerebro al contexto lingüístico y cultural en el que se encuentra el individuo, promoviendo una base neuronal que respalda la adquisición y el uso efectivo del lenguaje.

El estrés es uno de los factores ambientales que puede tener efectos epigenéticos significativos en el desarrollo del lenguaje y la cognición. La exposición a situaciones estresantes o ambientes adversos durante la niñez se asocia con la metilación de genes relacionados con la respuesta al estrés, lo cual puede afectar áreas del cerebro involucradas en el aprendizaje y la memoria, incluyendo el hipocampo y la corteza prefrontal. Este tipo de modificación puede, en consecuencia, impactar la adquisición del lenguaje y otras habilidades cognitivas fundamentales.

De igual manera, la calidad de la interacción social temprana también influye en los patrones epigenéticos relacionados con el lenguaje. Un ambiente de cuidado enriquecido y estimulación verbal contribuye a que los genes implicados en el desarrollo cognitivo y del lenguaje se expresen de manera óptima. Por el contrario, un ambiente de privación o negligencia puede resultar en alteraciones epigenéticas que dificulten el desarrollo de estas habilidades.

Investigaciones con gemelos han proporcionado evidencia sobre cómo la epigenética influye en el desarrollo del lenguaje. Aunque los gemelos idénticos comparten la misma carga genética, pueden presentar diferencias en sus habilidades lingüísticas debido a variaciones epigenéticas que surgen de diferencias en su entorno. Por ejemplo, estudios longitudinales en gemelos han mostrado que aquellos expuestos a ambientes más enriquecidos presentan un desarrollo más robusto en el vocabulario y la sintaxis, comparado con gemelos en entornos con menor estimulación.

Además, investigaciones recientes han examinado el impacto de la epigenética en la adquisición de habilidades bilingües. Se ha observado que el aprendizaje de un segundo idioma en la infancia puede activar o suprimir ciertos genes relacionados con la plasticidad neuronal, facilitando el aprendizaje de estructuras gramaticales complejas y el manejo de diferentes patrones fonológicos. Esto sugiere que la exposición a lenguajes diversos durante el desarrollo temprano no solo afecta la estructura neuronal, sino que también modula la actividad genética, promoviendo una mayor adaptabilidad cognitiva.

10.3 Interacción entre genética, epigenética y adquisición del lenguaje

La adquisición del lenguaje es un proceso complejo en el que interactúan tanto factores genéticos como epigenéticos. Aunque ciertos genes proporcionan la estructura biológica necesaria para el lenguaje, es el entorno el que determina en gran medida cómo y cuándo estos genes se expresan. La **interacción entre genética y epigenética** resalta que el lenguaje no es exclusivamente un proceso innato, sino un fenómeno que depende de la sincronización entre el organismo y el ambiente.

Un aspecto crucial en la interacción genética-epigenética es la influencia del contexto social y cultural en la configuración del lenguaje. Los niños expuestos a múltiples entornos lingüísticos y culturales desarrollan habilidades para comprender y producir múltiples idiomas, y la epigenética contribuye a este proceso al ajustar la expresión de genes en respuesta a la diversidad lingüística. Esto permite una adaptación flexible a las demandas lingüísticas, reforzando la importancia de la estimulación y el ambiente en el desarrollo de habilidades complejas.

Por otro lado, los avances en neurociencia han demostrado que los efectos epigenéticos en el lenguaje no son irreversibles, y que la plasticidad cerebral puede prolongarse más allá de la infancia en respuesta a nuevos aprendizajes. La adquisición de un nuevo idioma en la adultez, por ejemplo, puede activar cambios epigenéticos en el cerebro, aunque en menor medida que en los primeros años de vida. Esta plasticidad epigenética es fundamental para la educación y la rehabilitación, ya que sugiere que intervenciones adecuadas pueden modificar la expresión de genes relacionados con el lenguaje incluso en etapas posteriores de desarrollo.

Este capítulo ha explorado las influencias genéticas y epigenéticas en el desarrollo del lenguaje, destacando cómo los genes proporcionan las bases estructurales necesarias, mientras que la epigenética permite que el entorno moldee estas bases para optimizar el aprendizaje y la adaptación lingüística. La investigación en genética y epigenética subraya que el lenguaje humano es el resultado de una compleja interacción entre factores biológicos y ambientales, y que las experiencias individuales pueden influir en la expresión de genes clave para la adquisición del lenguaje.

Este enfoque también implica que el lenguaje, como proceso psicológico, es simultáneamente un producto de la evolución y de la adaptación cultural y social. En los siguientes capítulos, nos adentraremos en el análisis crítico del lenguaje y el pensamiento desde enfoques filosóficos y sociológicos, profundizando en cómo estos procesos no solo son el reflejo de nuestra biología, sino también de nuestra historia cultural y de las interacciones que dan forma a la experiencia humana en cada etapa de desarrollo.

En los siguientes capítulos, profundizaremos en los enfoques filosóficos y sociológicos del pensamiento y el lenguaje, evaluando cómo estos procesos no solo se construyen desde una base evolutiva, sino también desde una perspectiva cultural y simbólica que sigue dando forma a la experiencia humana.

Capítulo 11: Pensamiento narrativo y construcción de significado

Este capítulo se centra en el pensamiento narrativo y en cómo las historias que construimos y compartimos dan forma a nuestra identidad y nuestra comprensión del mundo. Exploraremos las ideas de Paul Ricoeur sobre la hermenéutica y la narrativa, analizando cómo el pensamiento narrativo actúa como un proceso fundamental en la construcción de significado y en la elaboración de la identidad individual y colectiva.

11.1 Aportaciones de Paul Ricoeur: Hermenéutica y narrativa

Paul Ricoeur, un destacado filósofo francés, es conocido por su teoría hermenéutica, la cual se centra en la interpretación de textos y símbolos, y considera a la narrativa como una herramienta esencial en la creación de significado. Para Ricoeur, la narrativa no solo es un medio para comunicar historias, sino un proceso activo y transformador que permite al ser humano comprender su existencia y estructurar su identidad.

La hermenéutica, en el pensamiento de Ricoeur, se entiende como la interpretación profunda de los textos y de los símbolos presentes en la cultura. Ricoeur argumenta que las narrativas no son simples relatos de hechos, sino que están impregnadas de significado y contexto, los cuales requieren un análisis interpretativo para comprender su contenido subyacente. Esta visión implica que el proceso de interpretar una historia es, en esencia, un acto de descubrir y crear sentido, no solo sobre la narrativa en sí misma, sino sobre el mundo y la realidad que se representan en ella.

Para Ricoeur, la **mimesis** es clave en este proceso, ya que involucra una triple representación: el mundo previo a la narrativa (prefiguración), el acto de contar la historia (configuración), y la interpretación de la misma por el lector o el receptor (refiguración). Este proceso permite que cada individuo que interactúa con una narrativa no solo se limite a recibir una información pasiva, sino que participe activamente en la construcción de significado, vinculando su experiencia personal con los elementos narrativos. La narrativa, entonces, se convierte en un medio de autocomprensión y exploración de la realidad.

Otro aporte fundamental de Ricoeur es su análisis de la relación entre narrativa y tiempo. Ricoeur sostiene que la narrativa organiza y da coherencia a nuestra percepción del tiempo, ya que nos permite conectar eventos pasados, presentes y futuros de una manera estructurada. Esta continuidad temporal se traduce en una especie de "identidad narrativa", donde la historia personal o colectiva se presenta como una secuencia de acontecimientos significativos que, al ser contados, adquieren un sentido particular.

A través de esta "identidad narrativa", los individuos pueden articular quiénes son en relación a su historia, sus experiencias y sus expectativas. Este concepto, según Ricoeur, es crucial para la identidad, ya que permite que el individuo se reconozca en su propia historia y logre proyectarse hacia el futuro en base a sus vivencias y a la reinterpretación constante de estas.

11.2 Relación entre pensamiento narrativo e identidad

La identidad es un concepto complejo y multidimensional que se encuentra en constante construcción. En este contexto, el pensamiento narrativo desempeña un papel central, ya que proporciona un marco para dar sentido a las experiencias y para integrar múltiples aspectos de la vida en una historia coherente. El pensamiento narrativo se convierte, por tanto, en un puente entre el pasado, el presente y el futuro, permitiendo que los individuos construyan una identidad que se basa en la continuidad y la interpretación de su propia historia.

Ricoeur introduce el concepto de **identidad narrativa** para describir cómo las personas construyen un sentido de sí mismas a través de las historias que cuentan sobre sus vidas. La identidad narrativa permite que los individuos mantengan un sentido de continuidad y coherencia, incluso ante cambios significativos o eventos transformadores. A través del pensamiento narrativo, el "yo" puede adaptarse y reinterpretarse, lo cual facilita que las personas se reconozcan y acepten las transformaciones de su identidad a lo largo del tiempo.

La identidad narrativa se basa en la integración de múltiples experiencias en una trama coherente. Esto significa que el pensamiento narrativo no solo organiza hechos, sino que también atribuye un valor y un sentido a cada evento. La narrativa personal permite, entonces, que los individuos no solo registren sus experiencias, sino que las evalúen, interpreten y ajusten de acuerdo con sus valores, creencias y aspiraciones. Así, la narrativa actúa como un filtro que selecciona y organiza elementos significativos de la vida, contribuyendo al desarrollo de una identidad más coherente y significativa.

Ricoeur también señala que la identidad narrativa no se construye de forma aislada; es en gran medida un proceso social. Las narrativas se moldean y refinan a través de la interacción con los demás, ya que al contar nuestra historia recibimos retroalimentación, juicios y reinterpretaciones que enriquecen y transforman nuestra percepción de nosotros mismos. Este proceso implica una continua negociación de la identidad, donde el reconocimiento, la validación y la influencia de los demás juegan un papel crucial. Así, el pensamiento narrativo se convierte en una actividad social que contribuye a la consolidación de una identidad dinámica y en constante evolución.

El pensamiento narrativo no solo contribuye a la identidad personal, sino también a la búsqueda de un sentido existencial. A medida que los individuos construyen sus propias historias, otorgan un valor y un propósito a sus experiencias, conectando sus vivencias individuales con un significado más amplio y trascendente. En este proceso, las narrativas actúan como guías para la acción y la toma de decisiones, ya que permiten a los individuos situarse en un marco de referencia donde sus acciones y experiencias adquieren un propósito.

La construcción de significado a través de la narrativa permite que las personas encuentren un sentido de pertenencia y conexión, no solo con su propia historia, sino también con la historia colectiva y con las experiencias universales de la humanidad. Esta perspectiva nos permite ver que el pensamiento narrativo no solo organiza experiencias individuales, sino que conecta a las personas con la humanidad, ya que todos compartimos la necesidad de dar sentido a nuestras vidas y de integrar nuestras experiencias en una historia que nos permita comprender quiénes somos y hacia dónde vamos.

11.3 Implicaciones del pensamiento narrativo en la psicología

Desde la psicología, el estudio del pensamiento narrativo ha permitido comprender cómo las historias influyen en la forma en que procesamos la información, nos adaptamos a cambios y enfrentamos crisis. Al analizar el papel de la narrativa en la construcción de la identidad, se han desarrollado enfoques terapéuticos que se basan en la reconstrucción de historias personales, como la **terapia narrativa** y el **análisis de historias de vida**. Estas aproximaciones se centran en ayudar a los individuos a reconfigurar sus narrativas para transformar percepciones negativas, aumentar la resiliencia y facilitar la adaptación a situaciones de cambio.

El pensamiento narrativo, entonces, se revela como un recurso psicológico esencial que permite que los individuos organicen su experiencia y construyan una identidad significativa, conectando las dimensiones individuales y sociales de la existencia. Además, la construcción de significado a través de la narrativa permite un enfoque integrador para la comprensión de la mente humana, al considerar no solo los procesos internos, sino también la influencia del contexto y de la interacción social en la configuración de nuestra identidad y nuestro sentido de realidad.

En este capítulo, hemos analizado el pensamiento narrativo como un proceso psicológico esencial en la construcción de la identidad y del significado. A través de las contribuciones de Paul Ricoeur, comprendemos que la narrativa no solo es un medio de comunicación, sino un mecanismo para organizar y dar sentido a la experiencia humana. La identidad narrativa permite a las personas mantener un sentido de continuidad y coherencia, mientras que el proceso de interpretación hermenéutica enriquece nuestra percepción de nosotros mismos y del mundo que nos rodea.

La narrativa, entonces, no solo da forma a la identidad, sino que facilita la adaptación, el crecimiento personal y el desarrollo de una comprensión existencial de la vida. En los próximos capítulos, continuaremos explorando la relación entre el pensamiento y el lenguaje, y cómo estos procesos se entrelazan en enfoques filosóficos y lingüísticos, ampliando nuestra perspectiva sobre los mecanismos psicológicos que dan forma a la mente y la cultura humanas.

Capítulo 12: El lenguaje como estructura social y cultural

Este capítulo explora cómo el lenguaje, lejos de ser un mero sistema de comunicación, actúa como una estructura fundamental en la construcción de la realidad social y cultural. A través de las teorías de Jacques Derrida y Umberto Eco, profundizaremos en el lenguaje como un fenómeno que trasciende lo individual, moldeando y reflejando estructuras de poder, identidades y significados colectivos. Asimismo, abordaremos cómo el lenguaje, en su constante reinterpretación, varía de acuerdo con el contexto y contribuye a la formación de diversas realidades sociales y culturales.

12.1 La teoría de Jacques Derrida: Deconstrucción y significado

Jacques Derrida, filósofo francés conocido por desarrollar el concepto de **deconstrucción**, considera que el lenguaje es inherentemente inestable y ambiguo, lleno de significados que se construyen y reconstruyen en el acto de interpretarlo. En su obra, Derrida propone que ningún significado es fijo o absoluto, ya que todo texto, palabra o símbolo siempre está abierto a nuevas interpretaciones. Esta visión desafía la idea tradicional de que el lenguaje es una representación estable de la realidad, sugiriendo, en cambio, que el lenguaje es un sistema dinámico que depende del contexto y de las relaciones entre los términos.

La deconstrucción implica analizar y desmantelar los conceptos y estructuras que damos por sentados, revelando los significados ocultos y las contradicciones dentro de un texto o discurso. Derrida argumenta que cada palabra y concepto contiene en sí mismo una multiplicidad de sentidos, los cuales están en constante desplazamiento y transformación. Este enfoque lleva a cuestionar las jerarquías y oposiciones que estructuran el pensamiento occidental, tales como "verdad" y "falsedad" o "realidad" y "representación".

Según Derrida, el significado en el lenguaje nunca es pleno ni final, sino que es una cadena de interpretaciones, un juego interminable en el que el significado siempre se posterga, fenómeno que él denomina **diferancia** (un juego entre "diferir" y "deferrer", o aplazar).

La teoría de Derrida sobre la deconstrucción introduce una nueva manera de entender el lenguaje en el ámbito social y cultural, al reconocer que las interpretaciones son esencialmente contextuales y que cada interpretación modifica, aunque sea mínimamente, el significado original. La deconstrucción se convierte, entonces, en un método para desarticular las estructuras de poder y las narrativas dominantes que suelen imponerse a través del lenguaje, revelando las múltiples perspectivas que habitan en el acto de significar.

Para Derrida, el lenguaje es una herramienta poderosa que no solo refleja la realidad, sino que contribuye a su construcción. Las palabras y los conceptos, lejos de ser neutrales, configuran la manera en que los individuos perciben el mundo y actúan en él. Al revelar las tensiones y contradicciones en el lenguaje, la deconstrucción expone cómo los significados impuestos y aceptados pueden perpetuar estructuras de poder y normas culturales. La capacidad del lenguaje para construir realidades sociales es, entonces, inseparable de la deconstrucción, ya que esta permite cuestionar y repensar las estructuras establecidas a través de la interpretación crítica.

12.2 Umberto Eco: Semiótica e interpretación cultural

Umberto Eco, semiólogo y filósofo italiano, ha hecho contribuciones significativas al estudio de la **semiótica** y la interpretación cultural, argumentando que los signos y símbolos que conforman el lenguaje están enraizados en contextos culturales específicos. Para Eco, los signos (que abarcan desde las palabras hasta los gestos y los objetos) no tienen un significado intrínseco, sino que adquieren sentido a través de los acuerdos sociales y culturales que los rodean.

La semiótica, tal como la define Eco, es el estudio de los signos y su funcionamiento en la creación de significado. Eco sostiene que el lenguaje y los símbolos son abiertos y susceptibles a múltiples interpretaciones, dependiendo de los códigos culturales que los rigen y del contexto en que se interpretan. A diferencia de la perspectiva estructuralista que enfatiza la estabilidad del lenguaje, Eco plantea que los signos están en constante transformación y que el significado es siempre provisional y negociable.

Uno de los conceptos más innovadores en la obra de Eco es el de **obra abierta**, en el cual propone que los textos y otros productos culturales no tienen un significado único o cerrado. En cambio, los lectores o intérpretes desempeñan un papel activo en la construcción de significado, ya que cada interpretación aporta nuevas dimensiones y sentidos a la obra. La idea de que el significado es dinámico y flexible permite entender cómo el lenguaje puede adaptarse a distintos contextos y cómo los individuos interactúan con él de manera creativa y transformadora.

Para Eco, la interpretación cultural es clave en el proceso de creación de significado. La relación entre los signos y sus significados no es arbitraria, sino que se construye en función de los códigos culturales que operan en cada sociedad. Esto implica que el lenguaje no solo refleja una realidad objetiva, sino que participa activamente en la construcción de significados compartidos. Así, los signos pueden adquirir diferentes interpretaciones dependiendo de factores como el tiempo, el lugar y el contexto social.

Eco también explora la idea de que los significados culturales no son uniformes ni estáticos, ya que están en constante evolución y adaptación. Las culturas generan y transforman significados continuamente a través del lenguaje, y cada nueva interpretación modifica los códigos culturales preexistentes. Este proceso es fundamental para comprender cómo el lenguaje actúa como una estructura dinámica que refleja las particularidades de cada sociedad y cultura.

12.3 Lenguaje y realidades sociales y culturales

El lenguaje no solo es un medio para expresar ideas, sino una herramienta para construir y reflejar las realidades sociales y culturales. Las palabras y expresiones que utilizamos moldean nuestras percepciones de los demás, de nosotros mismos y del mundo que nos rodea. A través del lenguaje, se refuerzan y desafían normas, valores e ideologías, convirtiéndose en un vehículo para la identidad y la pertenencia cultural.

El lenguaje actúa como un sistema de significación que permite a los individuos establecer relaciones, normas y acuerdos en la sociedad. Este sistema es una estructura social en sí misma, ya que refleja y refuerza los valores y creencias que caracterizan a una cultura. Las palabras y los conceptos que utilizamos cotidianamente están impregnados de los significados que la sociedad les atribuye, y al utilizarlos, contribuimos a mantener o modificar esos significados.

Las realidades sociales, entonces, no solo se expresan a través del lenguaje, sino que se construyen y mantienen en él. Esto se evidencia en el uso de palabras que reflejan jerarquías sociales, diferencias de género, roles y estigmas, los cuales son internalizados a través de la repetición y el uso cotidiano. Por lo tanto, el lenguaje se convierte en un reflejo de las estructuras sociales, al mismo tiempo que es un medio para transformarlas.

La interpretación del lenguaje varía en función del contexto en que se emplea, y este contexto incluye tanto aspectos culturales como históricos y sociales.

El mismo término o expresión puede tener diferentes connotaciones dependiendo del entorno, de los interlocutores y de las circunstancias específicas. Esto implica que el lenguaje no solo es flexible, sino que es un reflejo de la complejidad de las interacciones humanas.

La teoría de la deconstrucción de Derrida y la semiótica de Eco revelan cómo los significados del lenguaje están profundamente condicionados por el contexto en que se emplean. En una sociedad globalizada, donde interactúan diversas culturas y lenguas, el lenguaje adquiere nuevas dimensiones y requiere una interpretación cuidadosa que considere el contexto cultural y social de cada individuo. Este enfoque permite entender el lenguaje como un proceso vivo, siempre en evolución y capaz de adaptarse a los cambios sociales y culturales.

En este capítulo, hemos abordado el lenguaje como una estructura que no solo comunica, sino que también refleja y construye realidades sociales y culturales. Las teorías de Jacques Derrida sobre la deconstrucción y de Umberto Eco sobre la semiótica nos ofrecen herramientas para analizar cómo el lenguaje puede ser interpretado desde múltiples perspectivas y cómo actúa en la conformación de significados en diferentes contextos.

La comprensión del lenguaje como un fenómeno social y cultural subraya su importancia como medio de identidad y como agente de cambio en la sociedad. A medida que los significados y las interpretaciones evolucionan, el lenguaje continúa adaptándose y reflejando la diversidad de las experiencias humanas, actuando como un vínculo que conecta a las personas y sus culturas.

Capítulo 13: El lenguaje poético y el pensamiento creativo

En este capítulo exploramos el **lenguaje poético** como una forma privilegiada de expresión del pensamiento creativo. A diferencia del lenguaje cotidiano, el lenguaje poético permite a los individuos explorar y comunicar experiencias subjetivas, emocionales y complejas. Este tipo de lenguaje es una de las manifestaciones más profundas del pensamiento humano, ya que implica no solo el uso de palabras, sino una forma especial de percibir y representar el mundo. Con el análisis de autores como **Pablo Neruda** y **Jorge Luis Borges**, examinamos cómo el lenguaje poético expande los límites de la expresión y el pensamiento, revelando nuevas dimensiones de significado y brindando una puerta de entrada a la creatividad y a la percepción profunda de la realidad.

13.1 El lenguaje poético: Características y poder expresivo

El lenguaje poético, a diferencia del lenguaje lógico o pragmático, no está limitado por las normas de la comunicación literal. Se caracteriza por su riqueza de metáforas, símbolos y asociaciones, y utiliza recursos literarios como la rima, el ritmo, y la aliteración para crear un impacto emocional y estético. Estos recursos permiten a la poesía transmitir significados profundos, provocando en el lector una experiencia que trasciende la mera información y apunta hacia lo subjetivo, lo intuitivo y lo sublime.

La poesía tiene el poder de **transformar la realidad** mediante el lenguaje. A través de la metáfora y la simbolización, el poeta crea nuevas asociaciones entre palabras y conceptos, permitiendo que el lector acceda a ideas y emociones que de otro modo podrían resultar inefables. Este lenguaje es también un vehículo del pensamiento creativo, ya que desafía las convenciones lingüísticas y conceptuales establecidas, y abre posibilidades para la reinterpretación de la realidad y la exploración de lo desconocido.

13.2 Pablo Neruda: Poesía y emoción

Pablo Neruda, uno de los poetas más influyentes del siglo XX, utiliza el lenguaje poético para capturar las emociones más profundas de la experiencia humana. En su obra, Neruda emplea metáforas y símbolos que invitan al lector a ver el mundo desde una perspectiva nueva y rica en significados.

Uno de los rasgos distintivos de Neruda es su uso prolífico y evocador de la metáfora. Por ejemplo, en su célebre libro *Veinte poemas de amor y una canción desesperada*, Neruda transforma la experiencia del amor en imágenes sensoriales que no solo evocan sentimientos, sino que sumergen al lector en un universo en el que las emociones son palpables y las ideas, intuitivas. La metáfora en Neruda no es solo un recurso estilístico, sino un **mecanismo cognitivo** que permite al lector acceder a nuevas interpretaciones de la realidad.

Neruda también utiliza el lenguaje poético para reflejar una profunda conexión con la naturaleza y el amor. Estas temáticas son recurrentes en su poesía y funcionan como medios para que el lector se involucre en una reflexión profunda sobre el sentido de la vida y el ser. En su obra, el amor no solo es una experiencia íntima, sino una fuerza que conecta al individuo con el universo, y la naturaleza se convierte en un símbolo de lo eterno y lo inmutable. Al presentar estas experiencias mediante el lenguaje poético, Neruda eleva lo cotidiano a una dimensión espiritual y existencial.

Jorge Luis Borges, en contraste con Neruda, utiliza el lenguaje poético para abordar temas más abstractos y conceptuales, como la naturaleza del tiempo, el infinito, y el misterio de la existencia. Su poesía y prosa exploran ideas filosóficas complejas mediante un uso sutil y preciso del lenguaje, creando un estilo en el que las palabras son tanto herramientas de análisis como puertas de entrada a dimensiones desconocidas del pensamiento.

Borges emplea el simbolismo para cuestionar los límites de la realidad y el conocimiento. A través de laberintos, espejos, bibliotecas y otros símbolos recurrentes, Borges invita al lector a cuestionar la naturaleza de la realidad y del yo. En su poema *El Golem*, por ejemplo, Borges explora la relación entre el lenguaje y la creación, planteando la paradoja de cómo el lenguaje puede dar vida, pero a la vez es incapaz de abarcar completamente la realidad que pretende representar. Los símbolos en Borges no tienen una interpretación única; son ambiguos y abiertos, reflejando la complejidad de los conceptos que abordan.

El tema del tiempo es otra constante en la obra de Borges, y está íntimamente ligado al lenguaje poético. En su exploración de la temporalidad, Borges utiliza el lenguaje para sugerir que el tiempo no es lineal, sino un constructo que puede ser reordenado y reinterpretado. Su poema *La noche cíclica* sugiere la idea de un tiempo recurrente, donde el pasado y el futuro se entrelazan en un presente eterno. Borges desafía la noción convencional del tiempo y usa el lenguaje poético como un medio para expresar conceptos filosóficos complejos de una forma accesible y profundamente resonante.

13.4 El pensamiento creativo en el lenguaje poético

El lenguaje poético no solo comunica ideas y emociones, sino que también es un medio para desarrollar el pensamiento creativo. La creatividad en el lenguaje poético se manifiesta en la capacidad de combinar palabras y conceptos de maneras inesperadas, generando **nuevas asociaciones y significados** que enriquecen la percepción y la comprensión del mundo. A través de la poesía, el pensamiento se libera de las restricciones lógicas y lineales, explorando conexiones simbólicas y analogías que amplían los límites de la interpretación.

El pensamiento creativo, en este contexto, implica un proceso de **reinvención constante** del significado. Los poetas como Neruda y Borges utilizan el lenguaje para desafiar los límites de la realidad objetiva, permitiendo que el lector explore dimensiones alternativas de significado y, en última instancia, amplíe su propia capacidad de interpretación. La poesía se convierte así en un espacio en el que el pensamiento puede fluir sin restricciones, en el que las ideas pueden ser tanto abstractas como viscerales, y en el que el lector es invitado a participar activamente en la creación del significado.

13.5 Conclusión: El lenguaje poético como expresión del ser humano

El lenguaje poético, al trascender las limitaciones del lenguaje literal y racional, revela aspectos profundos de la experiencia humana y de la capacidad de pensamiento creativo. A través de la metáfora, el simbolismo y la paradoja, poetas como Neruda y Borges invitan a sus lectores a experimentar el mundo de una manera enriquecida y transformadora. El lenguaje poético no solo comunica ideas; también provoca, cuestiona y, en última instancia, transforma al individuo.

Este tipo de lenguaje representa uno de los niveles más elevados del pensamiento humano, en el que la imaginación y la razón se entrelazan para crear significados que desafían las normas convencionales. La poesía, como forma de lenguaje poético, es una herramienta poderosa de autoconocimiento y de conocimiento del mundo, un espacio en el que los límites de la realidad y el pensamiento se diluyen, permitiendo que el lector acceda a nuevas formas de ver, sentir y entender.

Capítulo 14: El pensamiento y el lenguaje en la perspectiva nietzscheana

En este capítulo final, nos adentramos en la visión profundamente filosófica de **Friedrich Nietzsche** sobre el pensamiento y el lenguaje, dos fuerzas que él considera herramientas poderosas para modelar tanto el mundo interno del individuo como el universo cultural y social en el que este se desenvuelve. Para Nietzsche, el lenguaje no es un simple instrumento de comunicación, sino una poderosa estructura de significación y control que modela y define las verdades, dando forma a las realidades colectivas y, en última instancia, a la experiencia individual del mundo.

La perspectiva nietzscheana se sitúa en la confluencia de la **psicología**, la **lingüística** y la **filología**. Para Nietzsche, el lenguaje es una construcción cultural que limita y, a su vez, posibilita el pensamiento crítico. Su visión revela una profunda desconfianza hacia las construcciones del lenguaje tradicional, que en su opinión configuran una percepción de la realidad teñida por convenciones, creencias y estructuras de poder. Aquí, exploraremos cómo Nietzsche desafía la noción de verdad en el lenguaje, sus ideas sobre la influencia de este en la percepción y en la formación del pensamiento crítico, y cómo su filosofía contribuye a un entendimiento revolucionario de la mente y del lenguaje humano.

14.1 El lenguaje como herramienta de poder y de verdad

Para Nietzsche, el lenguaje no es un reflejo fiel de la realidad, sino un **instrumento de poder** que permite construir versiones de la verdad. En su obra, Nietzsche argumenta que las palabras, lejos de ser espejos de la esencia de las cosas, son **convenciones** creadas por el hombre para imponerse sobre la naturaleza y estructurar la experiencia de manera controlada. Así, el lenguaje establece categorías que definen los límites de lo verdadero y lo falso, lo bueno y lo malo, lo posible y lo imposible. Estas categorías son, según Nietzsche, ficciones convenientes, que facilitan la interacción humana y la cohesión social, pero que al mismo tiempo reducen la riqueza infinita de la realidad.

En la psicología, esta visión plantea una crítica esencial a la idea de un lenguaje como herramienta neutral o transparente. Según Nietzsche, el lenguaje establece un **sistema de valores** que condiciona el pensamiento, moldeando la manera en la que el individuo percibe y experimenta el mundo. Cada palabra, cada término, arrastra connotaciones y significados impuestos, estableciendo una interpretación particular de la realidad que puede oprimir el pensamiento libre y perpetuar ciertas estructuras de poder.

Nietzsche considera que el lenguaje es, en esencia, una **forma de dominación**. Al nombrar y categorizar, los seres humanos delimitan la realidad y establecen sistemas de poder que excluyen interpretaciones alternativas. En este sentido, el lenguaje se convierte en una fuerza que establece "verdades" aceptadas colectivamente, mientras oculta su propia arbitrariedad y se impone como una estructura sólida e incuestionable. Para Nietzsche, esta es la raíz de la moral y de la cultura, que construyen un orden simbólico en el que el individuo encuentra significado, pero también limitación.

14.2 El lenguaje y la percepción de la realidad

Nietzsche también desafía la idea de que el lenguaje simplemente refleja el mundo tal y como es; para él, el lenguaje **moldea** la percepción de la realidad de maneras que escapan a la consciencia ordinaria. En su análisis, el lenguaje establece una estructura interpretativa que se superpone al mundo y da forma a la experiencia de manera tan profunda que se vuelve casi imposible concebir la realidad sin sus filtros y construcciones. Las palabras imponen contornos a lo que percibimos, ordenando el caos de la experiencia en formas que se perciben como reales, pero que en realidad son, según Nietzsche, una especie de ficción culturalmente compartida.

En este punto, Nietzsche se convierte en precursor de ideas que más tarde se desarrollarían en el ámbito de la **lingüística estructural** y de la **semiótica**. El filósofo anticipa la noción de que el lenguaje no es un sistema cerrado de signos con significados absolutos, sino un constructo social cuyo sentido se deriva de relaciones y oposiciones internas, tal como lo exploraría Ferdinand de Saussure en el siglo XX. Para Nietzsche, entender el lenguaje como una estructura que media y define la percepción es un paso esencial hacia el desarrollo del pensamiento crítico. Esta perspectiva introduce una dimensión en la que las palabras y las ideas pierden su inocencia, ya que dejan de ser meros vehículos de significado y se transforman en **herramientas de construcción de realidades**.

14.3 Pensamiento crítico y la desconstrucción del lenguaje

El pensamiento nietzscheano también incide directamente en la **filosofía del pensamiento crítico**. Al considerar que el lenguaje impone construcciones y límites a la percepción, Nietzsche invita al individuo a cuestionar profundamente la naturaleza de esas construcciones. Su llamado al pensamiento crítico implica una revaluación de los valores y significados que el lenguaje convencional establece, y un esfuerzo consciente por desafiar las supuestas "verdades" que gobiernan el discurso.

Nietzsche postula que el **pensamiento crítico** debe ser una práctica de "transvaloración de todos los valores", es decir, una ruptura consciente con los significados establecidos y una reevaluación de las categorías que definen lo aceptable y lo verdadero. Para ello, el individuo debe aprender a desconfiar del lenguaje y a explorar los **significados ocultos** detrás de las palabras. Este proceso de desconstrucción lingüística anticipa, en muchos aspectos, las ideas de la **deconstrucción** de Derrida, en la que el lenguaje es visto como un campo de significados fluidos y contextuales, más que como una representación objetiva de la realidad.

El cuestionamiento nietzscheano del lenguaje fomenta un **pensamiento crítico liberador**, en el que el individuo se emancipa de las limitaciones impuestas por las construcciones lingüísticas y redescubre una percepción más libre y auténtica de la realidad. En última instancia, el lenguaje debe ser comprendido no como una verdad en sí misma, sino como una posibilidad de creación continua y como un desafío a las formas estáticas de ver el mundo.

14.4 Nietzsche y la búsqueda de un lenguaje creativo y liberador

Para Nietzsche, el lenguaje tiene un potencial creativo que va más allá de sus limitaciones y su poder estructurante. A pesar de su escepticismo, Nietzsche también celebra el lenguaje como un campo en el que es posible desafiar los significados preestablecidos y abrirse a nuevas formas de entender la realidad. Este impulso creativo es esencial en el pensamiento nietzscheano: la capacidad de recrear y resignificar la realidad a través del lenguaje.

En su visión, la **poesía y el arte** son expresiones de un lenguaje liberador, en las que el individuo puede desafiar las normas convencionales y crear significados nuevos. Esta dimensión del lenguaje como espacio de libertad es fundamental para Nietzsche, pues representa la posibilidad de transformar la experiencia y de expresar una verdad más cercana a la subjetividad humana. La creatividad en el lenguaje poético, en este sentido, permite que el ser humano alcance una autenticidad que no puede ser lograda mediante el lenguaje cotidiano y sus construcciones limitantes.

14.5 Conclusión: El legado de Nietzsche en la psicología, la lingüística y la filología

La visión de Nietzsche sobre el pensamiento y el lenguaje marca un hito en la historia del pensamiento occidental y sienta las bases para el desarrollo de disciplinas como la **psicología crítica**, la **filología moderna**, y la **lingüística estructural**. Nietzsche nos deja con una lección que trasciende el análisis del lenguaje y que invita al individuo a cuestionar las estructuras invisibles que condicionan su percepción y su existencia.

En el campo de la psicología, Nietzsche desafía a los teóricos a cuestionar las construcciones mentales que definen la realidad y a reconocer que gran parte de nuestra experiencia está condicionada por los significados que el lenguaje impone. En la lingüística y la filología, Nietzsche abre una línea de pensamiento que sugiere que el lenguaje no debe entenderse simplemente como un sistema de signos, sino como una estructura viva y en constante transformación que define, moldea y, en última instancia, limita y potencia el pensamiento humano.

La contribución de Nietzsche a la comprensión del lenguaje y el pensamiento radica en su insistencia en que el individuo, en su búsqueda de libertad y autenticidad, debe enfrentar el lenguaje como una herramienta que, aunque poderosa y creadora, también es arbitraria y maleable. Nos invita a pensar, a cuestionar y a trascender, reconociendo en el lenguaje no solo un medio de comunicación, sino un espacio de poder, creatividad y, en última instancia, de **liberación**.

Comentarios y reflexión final

A lo largo de este análisis exhaustivo, se han destacado las múltiples perspectivas desde las cuales el pensamiento y el lenguaje pueden ser comprendidos como procesos psicológicos fundamentales e interdependientes. Desde los enfoques conductista y cognitivo hasta los aportes neurocientíficos y evolutivos, se muestra cómo cada corriente aporta elementos cruciales para interpretar los mecanismos de construcción del significado y la comunicación.

En los **enfoques conductista y cognitivo**, se examina el pensamiento como un proceso de codificación y decodificación de información, el cual depende del lenguaje como medio estructurante. Las teorías psicobiológicas y neurofisiológicas, en cambio, arrojan luz sobre las estructuras cerebrales implicadas y los circuitos neuronales responsables de sostener las capacidades simbólicas y de razonamiento. Finalmente, los marcos **filosóficos y socioculturales** abren un espacio para reflexionar sobre el lenguaje como un sistema simbólico que no solo expresa, sino que también configura las realidades individuales y colectivas.

Así, los hallazgos obtenidos muestran una conexión intrínseca entre lenguaje y pensamiento, evidenciando cómo uno influye, modifica y moldea al otro en una danza continua de intercambio y desarrollo.

La convergencia de disciplinas como la psicología, la neurociencia, la filosofía y la lingüística revela la riqueza y complejidad de la mente humana. Cada enfoque aporta elementos que serían insuficientes si se consideraran de manera aislada. La **perspectiva multidisciplinaria** es crucial para obtener una visión integradora que permita desentrañar la naturaleza del pensamiento y del lenguaje, así como sus interrelaciones y su impacto en el desarrollo cognitivo y emocional del individuo.

La comprensión de la mente humana, en este sentido, exige la integración de conocimientos que aborden tanto la estructura física como la dinámica simbólica, los procesos neuronales y los significados culturales. Solo desde esta óptica integradora es posible construir un marco teórico que abarque la totalidad de los procesos mentales, haciendo evidente la necesidad de transcender los límites de cada disciplina para acercarse a una comprensión más completa de la psique y sus expresiones.

En un mundo cada vez más interconectado y marcado por el intercambio de ideas y de significados, la comprensión de los vínculos entre pensamiento y lenguaje resulta de una relevancia ineludible. En la vida contemporánea, el lenguaje no solo es el medio por el cual se transmiten ideas, sino también una herramienta mediante la cual se configuran identidades, valores y percepciones de la realidad. Los procesos de globalización y la digitalización de la comunicación resaltan aún más la influencia que el lenguaje tiene sobre el pensamiento colectivo y la manera en que los individuos perciben y estructuran sus mundos.

En este contexto, la **autocomprensión** se convierte en un objetivo fundamental, ya que permite a los individuos comprender el impacto de sus propios esquemas mentales y lingüísticos en su interpretación del entorno y de sí mismos. La relación entre pensamiento y lenguaje, al ser explorada desde múltiples perspectivas, no solo amplía nuestra capacidad de autoconocimiento, sino que también fomenta una actitud crítica ante las narrativas establecidas y los discursos predominantes, permitiendo así un desarrollo psicológico más consciente y una adaptación más efectiva a las complejidades del presente.

A usted, estimado lector, le expreso mi más sincera gratitud por haber recorrido esta travesía intelectual dedicada a los complejos procesos del pensamiento y el lenguaje. Su interés y dedicación en la exploración de estas temáticas no solo reflejan un genuino compromiso con el conocimiento, sino también una profunda motivación por comprender las dimensiones psicológicas que subyacen a nuestra experiencia humana.

Es mi deseo que este trabajo le haya proporcionado valiosas perspectivas y herramientas para profundizar en la autocomprensión y en el entendimiento de los múltiples enfoques que abordan la mente humana. A través de estas páginas, hemos navegado juntos por diversas disciplinas y teorías, desde la psicología hasta la neurociencia y la filosofía. Este esfuerzo por integrar saberes busca enriquecer su visión, fomentando una apreciación más completa y matizada de los procesos cognitivos y lingüísticos que configuran nuestras realidades.

Le agradezco, nuevamente, el tiempo y la atención que ha dedicado a esta obra, así como la reflexión crítica y abierta que, estoy seguro, ha aportado a su lectura. Confío en que este libro no solo haya satisfecho su curiosidad intelectual, sino que también inspire en usted nuevas preguntas y motivaciones para continuar indagando en el vasto campo de la mente y su lenguaje.

A usted, con respeto y gratitud, le dedico este esfuerzo como un pequeño aporte al incansable camino del conocimiento y la comprensión humana.

Su amigo

Juan Carlos Sánchez Téllez